公的扶助研究運動における
当事者性の課題

生活保護ソーシャルワーカーと公的扶助政策の狭間で

田中秀和 著

みらい

目次

はじめに ……………………………………………………………………………… 9
  1．本研究の動機 ………………………………………………………………… 9
  2．本研究の目的 ………………………………………………………………… 10
  3．本研究の方法 ………………………………………………………………… 12
  4．本研究の意義 ………………………………………………………………… 13
  5．本研究の構成 ………………………………………………………………… 14
  6．先行研究の検討 ……………………………………………………………… 17
    （1）公的扶助研究運動史に関する先行研究 …………………………… 17
    （2）ソーシャルワーカーの専門性に関する先行研究 ………………… 19
    （3）生活保護ソーシャルワーカーの専門性に関する先行研究 ……… 20
    （4）公扶研内部からの先行研究 ………………………………………… 22

序章　生活保護ソーシャルワーカー任用の歴史と現状
    —漠然とした位置づけ ………………………………………………… 25
  1．生活保護ソーシャルワーカー任用の歴史的経緯 ………………………… 25
  2．生活保護ソーシャルワーカー任用の現状 ………………………………… 29

第1章　当事者不在で出発した公的扶助研究運動
    —全国障害者問題研究会との比較を通して ………………………… 33
  1．社会福祉研究運動とはなにか ……………………………………………… 33
    （1）社会福祉研究運動に関する先行研究の検討 ……………………… 33
    （2）社会福祉研究運動の社会的位置 …………………………………… 35
  2．公的扶助研究運動の特徴 —その歴史を通して ………………………… 37

（1）公的扶助研究運動の開始 ……………………………………… 37
　　（2）公的扶助研究運動の立ち位置をめぐって
　　　　　―「自主路線」と「幅広路線」……………………………… 39
　　（3）自主路線の進路を取る公的扶助研究運動 …………………… 42
　3．公的扶助研究の当事者性 ―障害者運動団体との比較を通して ……… 44
　　（1）障害者運動団体の運動史と特徴 ……………………………… 44
　　　①全障研の特徴 ―当事者と向き合わざるを得なかった全障研 ……… 44
　　　②青い芝の会とは ―社会へ異議申立てを行う当事者団体の登場 …… 47
　　　③全障研と全障連の関係性をどうみるか
　　　　　―成長の機会を与えられた全障研 …………………………… 50
　　（2）当事者性をめぐる公扶研と障害者運動団体との差異 ……… 50
　4．考察 ―当事者との関係を形成する機会を逸した公的扶助研究運動 …… 52

第2章　当事者不在に直面した公的扶助研究運動 ―福祉川柳事件の分析 …… 57
　1．福祉川柳事件とはなにか ………………………………………… 57
　　（1）福祉川柳事件の発生と経過 …………………………………… 57
　　（2）福祉川柳事件をめぐる社会からの評価
　　　　　―識者ならびに新聞記事からの見解 ……………………… 60
　　（3）福祉川柳事件の背景 ―発生当時の生活保護政策の状況 …… 62
　2．福祉川柳事件に対する公扶研連の対応
　　　　　―事件の反省から研究運動再建へ至る道のり …………… 68
　　（1）事件発生直後における公扶研連の対応 ―謝罪の経過 …… 68
　　（2）『公的扶助研究』特集号の発行 ……………………………… 71
　　（3）再建総会の開催 ………………………………………………… 74
　　（4）識者からの意見と評価 ………………………………………… 76
　3．インタビュー調査から …………………………………………… 78
　　（1）公扶研と当事者の関係 ………………………………………… 78
　　　①調査対象者が捉える公扶研の弱点 …………………………… 78

②調査対象者が捉える福祉川柳事件後における公扶研と当事者の関係 … 79
　　③調査対象者が捉える公扶研と当事者との関係に関する課題 …………… 79
　（２）組織連携の必要性 …………………………………………………………… 80
　（３）インタビュー調査の考察 ………………………………………………… 82
　４．福祉川柳事件の教訓
　　　―研究運動団体としてどのように当事者と向き合うか ………………… 84

第３章　福祉川柳事件を想起する公的扶助研究運動
　　　　　―小田原ジャンパー事件の分析 ……………………………………… 89

１．水際作戦の展開 ………………………………………………………………… 89
２．2000年以降の社会福祉と生活保護政策の変遷 ―新たな自立観の登場 … 91
３．反貧困運動の進展 ―貧困問題の可視化 ………………………………… 96
４．生活保護バッシングの発生と経過
　　　―生活保護利用者に対する社会からの監視強化 ………………………… 98
５．小田原ジャンパー事件の発生とその経過
　　　―罪悪感のない職場環境とその後の反省 ………………………………… 100
６．小田原ジャンパー事件に対する公扶研の対応
　　　―福祉川柳事件を想起する公扶研 ………………………………………… 104

第４章　福祉川柳事件と小田原ジャンパー事件の比較分析 …………… 109

１．福祉川柳事件と小田原ジャンパー事件の相違点 ………………………… 109
　（１）それぞれの事件における発生源について ……………………………… 109
　（２）両事件における「ねじれ」の解明
　　　　―パターナリズムが表出されるメカニズムに着目して ……………… 110
　（３）なぜ小田原市は事件後の対応を迅速に行うことができたのか …… 115
２．考察 ―当事者不在に直面した公扶研に課せられた課題とその後の変化 … 116
　（１）自らの弱点を自覚し、当事者と向き合おうとする公扶研 ………… 117
　（２）社会運動団体同士の連携を模索する公扶研 ………………………… 119

第5章　当事者との関係を模索する公的扶助研究運動
　　　　―生活保護ソーシャルワーカーの役割に関する公扶研の見解と対応… 123
- 1．生活保護ソーシャルワーカーの役割をめぐる議論の歴史
　　　　―その曖昧な位置づけ ……………………………………………… 123
- 2．生活保護ソーシャルワーカーの役割をめぐる公扶研における論争
　　　　―分離論と統合論の間で ………………………………………… 127
  - （1）2003（平成15）年2月の公扶研論争 …………………………… 128
  - （2）2003（平成15）年5月の公扶研論争 …………………………… 129
- 3．近年における生活保護ソーシャルワーカーの役割をめぐる議論
　　　　―生活保護ソーシャルワーカー業務外部委託化に関する議論を題材として…… 141
- 4．生活保護ソーシャルワーカー業務外部委託化に対する公扶研の反応
　　　　―機関誌の分析 …………………………………………………… 144
- 5．生活保護ソーシャルワーカー業務外部委託化に対する公扶研の公式見解
　　　　――貫して反対の姿勢を示す公扶研 …………………………… 147
  - （1）「令和元年12月23日閣議決定『生活保護におけるケースワーク業務の外部委託化』についての全国公的扶助研究会の見解と意見」… 147
  - （2）「令和3年3月31日厚生労働省社会・援護局事務連絡『保護の実施機関における業務負担軽減に向けた方策について』へのコメント」… 149
  - （3）「ケースワーク業務外部委託化に関する報告書」…………………… 150
- 6．分離論の見解　―統合論との相違と共通点 ………………………… 150
- 7．考察　―公扶研が統合論の立場に立つことの意義 ………………… 158

終章　本研究のまとめと結論
　　　　―公的扶助研究運動と当事者との関係確立に向けて ……………… 165
- 1．本研究のまとめ ………………………………………………………… 165
  - （1）本研究において明らかになったこと ……………………………… 165
  - （2）当事者と向き合うためのシステム構築をめぐって ……………… 168
    - ①研修体制の現状 ……………………………………………………… 169

②福祉専門職採用の利点と現状 ………………………………… 169
　（3）研修体制が不十分な生活保護ソーシャルワーカーが置かれた状況 … 170
　（4）公的扶助研究運動の意義 …………………………………… 175
　（5）当事者性とパターナリズム ………………………………… 177
２．本研究の到達点 …………………………………………………… 179
３．本研究の結論 ―筆者が考える今後の公的扶助研究運動のあり方 ……… 182
　（1）日々の業務のなかで当事者と向き合う生活保護ソーシャルワーカー
　　　に対する研修体制を充実させること ……………………… 183
　（2）社会的プレッシャーグループをもちにくい当事者に対する組織形
　　　成をサポートすること ……………………………………… 187
　（3）研究運動団体としてのアイデンティティをもちながら、生活保護
　　　利用者と向き合ってきた歴史を有する他の社会運動団体と連携し
　　　ていくこと …………………………………………………… 188
　４．本研究の限界 …………………………………………………… 189

資料　公的扶助研究運動関連年表 ……………………………………… 193
あとがき ………………………………………………………………… 201

はじめに

1．本研究の動機

　本研究のタイトルは、『公的扶助研究運動における当事者性の課題―生活保護ソーシャルワーカーと公的扶助政策の狭間で』である。タイトルにこめた研究動機は、今日まで継続して実施されている生活保護「適正化」政策に代表される生活保護利用者への締め付けに対して、現場で実践に取り組んでいる生活保護ソーシャルワーカーを主な構成員とする公的扶助研究運動団体が、それといかに向き合ってきたのかを明らかにしたいと考えたからである。福祉事務所において生活保護ソーシャルワークを実践する者は、上記の生活保護「適正化」政策などの推進役として職務を遂行することを国や地方自治体から期待されてきた。それは、生活保護利用者に対して、生活保護の申請を可能な限り行わせないようにする「水際作戦」を実行し、生活保護の濫救(らんきゅう)（生活保護の要件を満たしていない者を保護すること）を防ぐことを職能として求められてきたことを意味する。

　本来であれば生活保護利用者である当事者に向き合いながら、日本国憲法において保障されている健康で文化的な最低限度の生活を保障するために職務を遂行すべき立場にある生活保護ソーシャルワーカーは、時々の国の政策動向によって、その役割を変質せざるを得なかった。そのような背景のなかで、今日における生活保護ソーシャルワーカーは就職先として人気がなく、配置を希望する職員も少ない現状にある。

　一方、上記のような政策環境に対して、異議申立てを行ってきた生活保護ソーシャルワーカーを主体とした組織が存在する。それは、公的扶助領域における

自主的研究運動団体である。この自主的研究運動団体は、日本の公的扶助研究の歴史のなかで時々の政策と向き合いながら今日までその歩みを継続してきた。その主な目的は、当事者である生活保護利用者の生活を守るためであった。

　本研究では、公的扶助研究運動の歴史を当事者との関係に着目して考察していく。その理由は、種々の政策に異議申立てを行ってきた公的扶助研究運動は、当事者の生活を守るためにその運動を展開してきたにも関わらず、その想いとは逆に当事者不在の研究運動を継続してきた歴史を有するからである。社会福祉学は実践の学であり、研究を行ううえでは、当事者主権の思想や立場を原点にしなければならないと指摘をされているなかで（大友2013:41）、なぜ公的扶助研究運動はそのような経緯をたどったのか、また今日の公的扶助研究運動が向かう方向は、当事者の想いを大切にする方向に向かっているのか否かを本研究を通して明らかにしていきたい。

　それを行うことは、今日まで明らかにされてきた公的扶助研究運動史に対し、異なる視点から同事象を描き出すことに繋がると考える。また、本研究によって明らかにされる歴史は、これからの公的扶助研究運動のあり方を考えることに繋がるものである。

２．本研究の目的

　本研究の目的は、公的扶助研究運動団体の歴史を当事者である生活保護利用者との関係に着目することによって明らかにし、今後の公的扶助研究運動に関する提言を行うことである。

　近年、生活保護をめぐる動向は、生活保護基準の切り下げやワークフェア（workfare. 労働福祉）政策の推進など生活保護利用者にとって、スティグマ（stigma. 否定的・差別的烙印）を強化し、生活保護の利用をためらわす制度設計となっている。本書において着目する公的扶助研究運動団体である全国公的扶助研究会（以下、公扶研）は、1963（昭和38）年に設立された公的扶助研究全国連絡会（以下、公扶研連）を前身としている。同組織は、「社会福祉主事の

自主的研究団体による自らの専門性の向上と身分の確保、公的扶助行政の民主的な運営に資する研究と実践を行うことを目的」として設立された（大友2000:19）。公扶研連は、設立当初から、研究運動団体としての立ち位置をめぐる議論が展開されたが、その着地点は当事者を巻き込むものではなかった。当事者不在のなかで研究運動を継続してきた公扶研連はその後、1993（平成5）年に発生した福祉川柳事件（公扶研連の機関誌に掲載された川柳が差別的なものであると障害者団体等から抗議を受けたことが新聞報道され、社会問題となり、事件となったもの）によって活動停止となった後、1995（平成7）年に公扶研として再建された歴史を有する。

　本書において着目する公扶研の前身である公扶研連は、上記の福祉川柳事件において障害者団体等から生活保護ソーシャルワーカーのパターナリズム（paternalism）を指摘された。その反省を踏まえて再建された公扶研では、当事者に対するパターナリズムを廃し、当事者目線で専門的な支援を行うことを目指している。本書の主題である公的扶助研究運動と当事者の関係を考えるうえでは、パターナリズムに関する議論は避けて通ることができない。筆者はパターナリズムについて、それが正当化されうる場合があることや、援助者が専門性を高めることが、当事者に対するパターナリズムを高める可能性があることを認めつつ、石川時子（2007:6）による定義を参照し、本書におけるパターナリズムを「援助者に与えられている権力を無自覚あるいは意図的に乱用することにより、利用者の利益が奪われる行為」と定義する。

　時を経て、2017（平成29）年に発生した小田原ジャンパー事件は、福祉川柳事件と類似する側面をもつものであった。この事件は公扶研が引き起こした事件ではないが、福祉川柳事件の際に問われた生活保護ソーシャルワーカーの利用者に対するパターナリズムの課題を想起させるものであった。事件を引き起こした小田原市はその後の対応のなかで、元生活保護利用者をメンバーの一員として、生活保護ソーシャルワーカーをめぐる市の政策改革を実行した。公扶研はこの事件に対して、声明文を出し当事者を擁護する姿勢をみせているが、生活保護ソーシャルワーカーと生活保護利用者をめぐる関係構築の困難さが時

の経過のなかで改めて浮き彫りとなった。

　また近年における生活保護ソーシャルワーカー業務外部委託化をめぐる動向は、生活保護ソーシャルワーカーと当事者との距離を広げる側面をもつ。公扶研はこれに対して反対の姿勢を示している。

　本研究では、上記で取り上げた事件や政策動向に対して公扶研がどのような姿勢をもってそれぞれに向き合ってきたのかを明らかにする。

3．本研究の方法

　本研究では上記の目的を達成するため、公的扶助研究運動に関連する論文・書籍や研究運動団体が発行している機関誌、全国セミナー資料集などの文献調査を主な研究方法として採用する。その理由は、本研究が歴史研究のため、これまでの公的扶助研究運動の歩みを詳細に分析する必要があり、そのためには、文献調査を行うことが望ましいと考えたからである。

　また、本研究では文献調査に加えて、長年にわたり公的扶助研究運動に参画をしてきた会員に対するインタビュー調査を実施した。インタビュー調査を実施した理由は、公扶研の声明・公式見解では顕在化しにくい所属メンバーの見解を明らかにしたいと考えたからである。

　筆者は、アンケート調査のような量的調査では明らかにすることが難しいメンバーの価値観を深く探求したいと考えた。また、本研究では、調査対象者の詳細で豊富な文字テキストを収集することが必要であり、そのためにはインタビュー調査が望ましいと考えたからである。本研究におけるインタビューは、仮説と先行研究を裏付けるための重要なデータである。また、本研究を進めていくうえで重要な語りがあり、それは語りのなかでのみ説明可能なものである。

　調査実施のため、本研究では以下の手続きを行った。まず、公扶研事務局に対し依頼状を送付し、会から調査対象者を推薦していただいた。次に公扶研から推薦を受けた調査対象者には、調査同意書を記載していただいた。その際、調査は、一度同意を得た場合であっても、研究途中での同意の撤回を行っても

不利益が生じないことや、研究内容について自由に質問できることも説明した。研究協力については、あくまで対象者本人の意思判断に基づく自由選択であり、決して強要されるものではなく、本研究の調査に対して同意しないという回答ももちろん可能であり、不利益が生じないことを丁寧に説明した。

　上記の過程を経て同意を得た調査対象者に対し、オンライン形式でインタビューを実施した。調査対象者に事前にインタビューガイドの送付を行い、当日はそれを用いながら半構造化インタビューを実施した。また、調査対象者のなかで同意を得られた者には録画ならびに録音を行った。

　今回インタビュー調査に応じていただいた3名の方は、いずれも長年の生活保護ソーシャルワーカーの実務経験をもっている。また、研究運動への参加歴はみな30年以上である。なお本研究は、聖隷クリストファー大学倫理委員会の承認を受けている（承認番号21042-01）。本研究におけるインタビュー調査にあたっては、桜井厚『インタビューの社会学―ライフヒストリーの聞き方』（せりか書房、2002）を参照した。

4．研究の意義

　本研究の意義は、次の4点である。1点目は、公的扶助領域における社会福祉研究運動団体である公扶研（前身の公扶研連を含む）と、障害領域において自主的研究運動を展開している全国障害者問題研究会（以下、全障研）の比較を歴史的に行うことによって、現在の公扶研の課題が明らかにされることである。2点目は福祉川柳事件ならびに小田原ジャンパー事件と公扶研の対応を取り上げることによって、それぞれの事件の細部にある「ねじれ」が明らかにされることである。筆者がここで挙げている「ねじれ」とは、生活保護ソーシャルワーカーの人事政策と専門性をめぐる不一致である。3点目は、公扶研における生活保護ソーシャルワーカーの役割に関する議論を読み解くことによって、当事者と向き合う公扶研に求められる立ち位置が明らかにされることである。4点目は、福祉川柳事件を経験した公扶研のベテラン生活保護ソーシャルワー

カーのインタビュー調査を通して、公扶研の公式見解では顕在化しにくいメンバーの認識が明らかにされることである。

5．本研究の構成

　本研究における構成は以下の通りである。まず、序章では本研究の対象である公的扶助研究運動の主な担い手である生活保護ソーシャルワーカーに関して、その歴史と現状について明らかにする。

　第1章では、本研究が着目する公扶研ならびに、その前身である公扶研連とはいかなる組織であったかを明らかにするため、同じ社会福祉領域において主に障害領域で研究運動を展開している全障研との比較を行う。そこで明らかにされるのは、公的扶助研究運動における生活保護ソーシャルワーカーと当事者をめぐる距離の遠さである。

　第2章では、1993（平成5）年に発生した福祉川柳事件を取り上げる。福祉川柳事件は、生活保護ソーシャルワーカーと生活保護利用者との距離が遠い公的扶助研究運動のあり方が問われた事件である。

　第3章では、2017（平成29）年に発生した、小田原市の生活保護ソーシャルワーカーが「生活保護なめんな」等のジャンパーを着用して業務を行っていたことが社会問題化した小田原ジャンパー事件を取り上げる。小田原ジャンパー事件は公扶研が起こした事件ではないが、福祉川柳事件と類似性がある事件である。

　第4章では、類似性がある福祉川柳事件と小田原ジャンパー事件について、その深部は異なっているという認識から、両事件の背景を「ねじれ」として捉え、当事者不在の公的扶助研究運動が直面した事件として両事件について考察していく。また、本研究では、福祉川柳事件を経験した公的扶助研究運動を担うメンバーに対するインタビュー調査結果を用いて、福祉川柳事件のなかで当事者不在に直面した公的扶助研究運動が、その後の反省のなかでいかに当事者と向き合おうとしているのかについて明らかにする。

第5章では、当事者と向き合う生活保護ソーシャルワーカーの役割について、公扶研がどのように考えてきたのかを明らかにする。その際、公扶研内部で行われてきた論争ならびに、近年議論が展開されている生活保護ソーシャルワーカー業務外部委託化政策を題材として取り上げる。公扶研は、2003（平成15）年に生活保護ソーシャルワーカーの役割をめぐる議論を展開しており、そこで同会は組織として明確な立ち位置をとることはなかった。その後に巻き起こった生活保護ソーシャルワーカー業務外部委託化政策は、生活保護ソーシャルワーカーの業務を経済的給付のみに縮小し、ソーシャルワーク業務を外部組織に委託しようとする政策である。公扶研はこの政策に対して、一貫して反対の姿勢を貫いてきた。それは、生活保護ソーシャルワーカーの業務は経済的給付と、ソーシャルワークが揃ってはじめて効果的な支援を当事者に対して行うことができると公扶研が考えているからである。その一方で、公扶研では経済的給付とソーシャルワークを別々の者が担うべきとする分離論についても、その可能性を探ってきた歴史を有する。ここでは、分離論を代表する論者の論考を取り上げることによって、そこから公扶研が活かせる視点について考察を展開する。

　以上を踏まえて、終章において、本研究で明らかとなったことを述べる。そのうえで、結論として、公的扶助研究運動の今後のあり方について提言を行う。

　なお、生活保護領域におけるソーシャルワーカーは、「生活保護ケースワーカー」との呼称で呼ばれる場合が現在でも多いが、今日のソーシャルワークではジェネリックな視点（総合的視点）がより求められていることに鑑み、岡部卓（2014）の表記法に倣い、本研究では引用の場合を除いて、「生活保護ソーシャルワーカー」との名称を用いることとする。

　また、生活保護を受ける立場の者に対する呼称は、一般的に生活保護受給者や被保護者等の表現を用いることが多い。しかし、本研究や先行研究のなかでは、生活保護は、日本国憲法第25条に規定された生存権を保持するための制度であり、かつそれは権利であるとの認識を有して議論が展開される。よって、本研究においては引用の場合を除き、生活保護利用者という用語を用いることとする。加えて、本研究は公的扶助研究運動をめぐる歴史研究のため、それに

関わる様々な人物が登場するが、その際の所属は当時のものとする。さらに、本研究では、2001（平成13）年の中央省庁再編以前における当時の省庁（厚生省、文部省等）の名称が登場するが、これについても本研究が歴史研究のため、中央省庁再編以前のものを扱う場合には、当時の省庁名をそのまま記載する。

　加えて、本書では公的扶助研究運動と当事者の関係を考えるうえで、「パターナリズム」という用語が頻出する。

　本研究は、公的扶助研究運動の当事者性を問うことが課せられている。当事者研究は、障害領域において2001（平成13）年に北海道の「浦河べてるの家」で誕生した「自分助け」の技法である。障害学の領域において当事者研究に長らく携わっている熊谷晋一郎によると、当事者とは進路や人間関係、経済状況や健康など、障害のあるなしにかかわらず経験する種々の苦労を自覚している人のことである（熊谷2020:2）。障害領域ではこれまで様々な当事者運動が展開されるなかで、人々が有する障害の捉え方は、医学モデルから社会モデルへ変化をしてきている（熊谷2020:12-19）。当事者をめぐる課題について、障害を個人の責任ではなく社会問題として捉える障害学の知見は本書においても参考になるものである。それは、本書で主題とする公的扶助領域における生活保護利用者は長らく、スティグマを背負い、生活保護を利用している原因を個人的な努力の有無に置き換えられてきた歴史を有するからである。貧困が個人の努力のみで解決できない課題であり、それを解決するためには、社会のなかで法律や施策が整備されなければならない。このことは、生活保護を利用している者のみの努力では困難を伴う事柄であり、それを達成するためには支援者の力が必要となる。松岡廣路は、当事者と非当事者という二項対立的な概念に疑問を呈し、それを打破するための用語として当事者性を提起している（松岡2006:12-32）。松岡が提起する当事者性とは、当事者またはその問題事象と、福祉教育・ボランティア学習における学習者との距離感を示す相対的な尺度である（松岡2006:18）。松岡は当事者性が高められる経験として、ボランティア活動を行った後に、徐々に対象者が身近になり、その関係抜きには自分の生活を考えられなくなるような状況ならびに、自らが地域や国家の福祉政策によってコントロー

ルされている実態に気づくことを挙げている。ここで取り上げた松岡による当事者性の定義は、本書における関心と合致するものである。本書では、公的扶助研究運動における当事者性を問うことが課されており、当事者と当事者性は異なるものであるとする認識をもって議論が展開される。以下、本研究の流れを図示（次頁参照）する。

６．先行研究の検討

（１）公的扶助研究運動史に関する先行研究

　本研究において主題としている公的扶助研究運動史に関する先行研究として、大友信勝によるものがある（大友2000:19-221）。大友は、公扶研連の設立から、1993（平成5）年に発生した福祉川柳事件までの歴史を主に会が毎年開催している全国セミナーの記録から分析している。同書で大友は、当該研究を実施するうえで刺激になったものとして、副田義也の研究を挙げている。副田は、生活保護制度の成立過程とその運営について、主に官僚の視点からこの制度がどのように動いてきたのかについて分析をしている（副田2014）。大友と副田の研究対象は同様にみえるが、両者による研究は、その際の視点の置き方が異なっている。副田が客観的な観察者としてアプローチする福祉社会学の視点から生活保護制度の分析を主に官僚の視点から描いたのに対し、大友の規範科学としての側面を重視する社会福祉学の視点にもとづく研究の主役は、生活保護の実施を担う生活保護ソーシャルワーカーであった。また大友は、上記、公扶研連が引き起こした福祉川柳事件についても4年後に詳細に分析を行った研究を発表している（大友2004）。

　大友と副田らの研究は、生活保護に関する歴史をそれぞれの視点から描き出している。本研究の独自性は、これらの研究が対象としている2000年代初頭以降の公的扶助研究運動も研究対象としている点、また研究手法としてこれまで当該分野においてみられなかったインタビュー調査を実施している点、ならび

図　本研究の流れ

```
〈はじめに〉　研究の動機、目的、方法、意義、構成、先行研究
〈序　　章〉　生活保護ソーシャルワーカー任用の歴史と現状
```

```
〈第1章〉　当事者不在で出発した公的扶助研究運動
　→社会福祉研究運動の比較を通して、公的扶助研究運動の特徴を描く。
```

```
〈第2章〉                          〈第3章〉
当事者不在に直面した公的扶助       福祉川柳事件を想起する公的扶助
研究運動                           研究運動

→福祉川柳事件の分析。            →小田原ジャンパー事件の分析。
```

```
〈第4章〉　福祉川柳事件と小田原ジャンパー事件の比較分析
　→それぞれの事件の背景にある「ねじれ」の解明。
```

```
〈第5章〉　当事者との関係を模索する公的扶助研究運動
　→生活保護ソーシャルワーカーの役割に関する議論から、公的扶助研究
　　運動の立ち位置を探る。
```

```
〈終章〉　本研究のまとめと結論
　→これまでの議論を踏まえて、今後の公的扶助研究運動に関する提言を
　　行う。
```

に研究の視点として公的扶助研究運動団体について、当事者である生活保護利用者との関係に着目して分析している点である。

（2）ソーシャルワーカーの専門性に関する先行研究

ソーシャルワーカーの専門性に関する先行研究として挙げることができる代表的なものに秋山智久の研究がある。秋山は援助専門職の専門性・専門職性・専門職制度をそれぞれ厳密に分類したうえで、専門性を専門職性の基礎となる「学問・研究のレベル」、専門職性を「職業レベル」の課題をもち、社会において「職業としての専門職」としての要点項目が多いもの、専門職制度を「制度・システムレベル」の課題をもち、なかでも「資格制度」は「専門職制度」の中核になるとしている（秋山1998:232-255）。

奥田いさよは、社会福祉専門職性に関する研究を行っているが、本書の関連では専門職業主義に関するものを挙げることができる。そこでは、専門職性の向上は専門職業として大きな課題ではあるが、ソーシャルワークにとっては、その専門職業存立の意義にかかわる問題を招来する危険性の高い要素をはらんでいることを認識する必要性が述べられている（奥田1992:84）。

奥田の研究と本研究との関連では、専門職性と官僚制に関する記述がある。奥田は、ソーシャルワークにおける専門職性と官僚制の関連について、専門職性と官僚制が強調しあう局面ならびに、専門職性と官僚制が対立する場面が挙げられている。専門職性と官僚制が対立する場面には、職業活動におけるサービス利用者との関わりのなかで、「専門職業としての意思決定」に規定されるか、あるいは「官僚的な意思決定」に規定されるかという、ソーシャルワークのあり方に影響を及ぼす側面が挙げられている。奥田の同書では、専門職性に対する理解を官僚的な規則や専門職業としての規準を厳密に遵守することであるとソーシャルワーカーが誤解する可能性が指摘され、実践者であるソーシャルワーカーはこのような誤解が生じる危険性を常に意識しながら、サービス利用者にとっての利益を最優先することの必要性が述べられている（奥田1992:83-84）。

奥田の上記における指摘は、本研究を進めていくうえで忘れてはならない事柄である。奥田は上記の研究をソーシャルワーク史のなかから行っており、本研究においても参考となる部分が多い。その一方で奥田の研究は、ソーシャルワーク全般を研究の射程範囲としており、本書で主題としている公的扶助領域、また公的扶助の実践を担う生活保護ソーシャルワーカーに主題を置いたものではない。さらに、奥田の研究はアメリカのソーシャルワーク理論に範を求めており（奥田1992：ⅰ）、したがって、本研究が主題とする日本における生活保護ソーシャルワーカーに主な関心を置いて執筆はされていない。

（3）生活保護ソーシャルワーカーの専門性に関する先行研究

　上記では、広くソーシャルワーカーの専門性に関する先行研究を参照した。では、本書の主題である公的扶助研究運動を主に担う生活保護ソーシャルワーカーの専門性に関する議論は、これまでどのように展開されてきたのであろうか。

　長友祐三は、生活保護ソーシャルワーカーの専門性をめぐる現状について、今日に至るまで科学性や客観性を重視した実証的研究によって支えられた支援理論は提示されてきたとはいえず、実践の多くは生活保護ソーシャルワーカーの主観を重視したものであったと述べている（長友2017：70）。長友による記述は、生活保護ソーシャルワーカーが置かれている現状の一面を示したものであるが、生活保護ソーシャルワーカーの専門性をめぐる議論は、社会福祉学のなかにおいても着実に積み上げが行われてきている。

　高木仁根は、福祉事務所に勤務する生活保護ソーシャルワーカーに対するインタビューを通して、〈面接〉、〈人権保障〉、〈連携〉、〈計画的実践〉、〈法適用〉の5項目が専門性のコアカテゴリーであることを明らかにしている（高木2021：1-15）。高木による研究は、生活保護ソーシャルワーカーの専門性を、職務内容から詳細に分類したうえで、上記のようにカテゴリー分けを行ったものであり、今日における生活保護ソーシャルワーカーの専門性を考えるうえでは貴重な研究であるといえる。また、高木による議論の核心は、生活保護ソーシャルワー

カーの専門性と職務環境が改善されない限り、生活保護利用者の最低生活や人権、尊厳を侵害する実践が行われる可能性の指摘であり、その点は本書の研究視点と一致している。

その反面、本書の特徴は、生活保護ソーシャルワーカーの専門性をめぐる議論において、生活保護ソーシャルワーカーの専門性を高めることの危険性についても認識を有していることである。それは、上記、奥田による研究を述べるなかで触れたように、生活保護ソーシャルワーカーは専門職性と官僚制のせめぎ合いのなかで、当事者の立場に立った職務遂行が困難になる可能性があるということである。生活保護ソーシャルワーカーの専門性を高めることはもちろん必要なことであるのだが、その一方でそれを行うことによる生活保護ソーシャルワーカーの無自覚な生活保護利用者に対する権利侵害はあってはならない。

一方、髙城大は生活保護ソーシャルワーカーの専門性について明確にするための糸口として、関係機関などの社会資源や多職種との連携、協働と関連づけながら、生活保護利用者と伴走する方法を模索することを挙げている（髙城2022:28-36）。今日、生活保護ソーシャルワーク実践には多職種による連携ならびに、生活保護利用者とともに悩み考える姿勢がより一層求められており、高城の指摘は、生活保護ソーシャルワーカーの専門性を考えるうえでも重要な指摘である。

陣内優生は、神奈川県内の市町村に対するアンケート調査から、社会福祉専門職の採用、配置の取り組みが半数以上の地方自治体で実施されていること、またそれが継続して行われていることを明らかにしている（陣内2023:41-55）。市町村が社会福祉専門職採用を行う動機は主に、生活保護における相談援助業務の充実を図るためである。これらの現象は、生活保護ソーシャルワーカーの採用を行う地方自治体が、社会福祉専門職採用について肯定的な見解をもっていることを示している（陣内2023:52）。陣内の研究は、地方自治体による社会福祉専門職採用が各地で実施されている事実に対して、その細部を具体的に明らかにしたことに意義があるといえる。地方自治体が社会福祉専門職採用に肯定的な見解をもち、それを行う理由として、生活保護における相談援助の充実

を挙げていることは、生活保護ソーシャルワーカーの専門性向上に向けて評価できる事柄であると筆者は考える。

（4）公扶研内部からの先行研究

公扶研内部からの研究には、公扶研の会長であった杉村宏によるものがある。杉村は、公扶研連の設立から、執筆時の2007（平成19）年までの同会のあゆみを論述している。杉村の研究からは、一連の運動に関する社会的役割として「社会の底辺を注視し、その現実に沿って生活保護行政の方向や社会福祉のあり方に異議申し立てをしてきたこと」が挙げられている（杉村2007:255-271）。

「今後の研究運動の総括や発展に多少とも資したい」（小野1997:10）との思いから、公扶研連が開催した全国セミナー資料集と機関誌『公的扶助研究』の概要をまとめた小野哲郎による史料も、今日までの公扶研の歩みを考える際には、一読の必要性があろう（小野1997:9-150）。しかし、小野の研究は資料提供レベルにとどまっており、それをどのように解釈するかという視点がみられない。

2001（平成13）年には、『生活保護50年の軌跡―ソーシャルケースワーカーと公的扶助の展望』が『生活保護50年の軌跡』刊行委員会の編集によって刊行された（『生活保護50年の軌跡』刊行委員会編2001）。同書は、公扶研連と公扶研の「機関誌『季刊　公的扶助研究』の誌上で、五〇年におよぶ生活保護制度の歴史の点検と、この制度の課題と展望を多面的に検討してきた」特集を中心として、「この間機関誌の紙面で取り上げられた問題を課題ごとに再構築したもの」である（杉村2001:1）。また同書は、「公的扶助研究会は何をめざしてきたのかを総括」するものでもある（杉村2011:10）。執筆者は、「発刊にあたって」を担当している当時の公扶研会長であり、法政大学教授であった杉村宏をはじめとして、当時の公的扶助研究を第一線で担う研究者・実践者であった。

また、2004（平成16）年には公扶研が編者となって、上記の『生活保護50年の軌跡―ソーシャルケースワーカーと公的扶助の展望』の続編としての位置づけも含みつつ、1990年代後半から2000年代前半までに『季刊　公的扶助研究』に掲載された論文や考察等を再度編集した『どうする？生活保護「改正」―今、

現場から』が刊行されている（全国公的扶助研究会季刊『公的扶助研究』編集委員会2004）。同書も『生活保護50年の軌跡』同様、公扶研の歴史の一端を知るうえで有益なものであるといえる。『どうする？生活保護「改正」―今、現場から』は、藤城が指摘するように『季刊　公的扶助研究』における年間テーマ「現場から生活保護を考える」に、2002（平成14）年から2003（平成15）年にかけての「各号に掲載された論考を中心として、国民生活の最後のよりどころとしての『生活保護』を、よりよい制度と実践の体系として改善し再編成していくことを企図して編集・監修」されたものである（藤城2004:246）。これらの書物は、公的扶助研究運動の史料として価値のあるものであるが、そこからそれらの史料全体を通して何かを明らかにしようとする分析の視点はみられない。

　以上、様々な先行研究について紹介してきた。本研究は上記の先行研究に学びながら、公的扶助研究運動団体が、当事者である生活保護利用者とどのような歩みを経て今日に至るのか、その過程を述べていく。また、そこから今後の公的扶助研究運動のあり方についての提言を行う。

【引用・参考文献】
秋山智久（1998）「社会福祉の専門職性と社会福祉教育」一番ヶ瀬康子・大友信勝・日本社会事業学校連盟編『戦後社会福祉教育の五十年』ミネルヴァ書房.
石川時子（2007）「パターナリズムの概念とその正当化基準」『社会福祉学』48(1).
大友信勝（2000）『公的扶助の展開―公的扶助研究運動と生活保護行政の歩み』旬報社.
大友信勝（2004）『福祉川柳事件の検証』筒井書房.
大友信勝（2013）「社会福祉原論研究の意義と課題」大友信勝・永岡正己編『社会福祉原論の課題と展望』高菅出版.
岡部卓（2014）『新版　福祉事務所ソーシャルワーカー必携―生活保護における社会福祉実践』全国社会福祉協議会.
奥田いさよ（1992）『社会福祉専門職性の研究―ソーシャルワーク史からのアプローチ：わが国での定義化をめざして』川島書店.
熊谷晋一郎（2020）『当事者研究―等身大の＜わたし＞の発見と回復』岩波書店.
陣内優生（2023）「市町村行政における社会福祉専門職の採用と配置の実態と課題―神奈川県内市町村を対象とした調査結果の分析から」『社会福祉学』64(2).
杉村宏（2001）「発刊にあたって」『生活保護50年の軌跡』刊行委員会編『生活保護50年の軌跡―ソーシャルケースワーカーと公的扶助の展望』みずのわ出版.

杉村宏（2007）「公的扶助研究活動の軌跡と課題」ソーシャルケアサービス従事者研究協議会編 大橋謙策編集代表『日本のソーシャルワーク研究・教育・実践の60年』相川書房.
杉村宏（2011）「生活困難者の課題―公的扶助ソーシャルワーカーを中心に」『公的扶助研究』223.
『生活保護50年の軌跡』刊行委員会編（2001）『生活保護50年の軌跡―ソーシャルケースワーカーと公的扶助の展望』みずのわ出版.
副田義也（2014）『生活保護制度の社会史【増補版】』東京大学出版会.
髙木仁根（2021）「福祉事務所ワーカーの専門性とは何か―現場から社会福祉主事のあり方を再考する」『社会福祉学』62(2).
髙城大（2022）「生活保護ソーシャルワーク実践に求められる専門性に関する基礎的考察」『愛知淑徳大学論集―福祉貢献学部篇』12.
長友祐三（2017）「生活保護ワーカーの実践環境―より良い生活保護ソーシャルワークの実践に向けて」岡部卓・長友祐三・池谷秀登編『生活保護ソーシャルワークはいま―より良い実践を目指して』ミネルヴァ書房.
藤城恒昭（2004）「あとがき」全国公的扶助研究会季刊『公的扶助研究』編集委員会編『どうする？生活保護「改正」―今、現場から』みずのわ出版.
松岡廣路（2006）「福祉教育・ボランティア学習の新基軸―当事者性・エンパワメント」『日本福祉教育・ボランティア学習研究年報』11.

序章　生活保護ソーシャルワーカー任用の歴史と現状

―漠然とした位置づけ

　ここでは、本研究を進めていくにあたり、生活保護ソーシャルワーカー任用の歴史と現状について述べる。その理由は、本研究の対象とする公的扶助研究運動の担い手は主に生活保護ソーシャルワーカーであり、公的扶助研究運動の歴史を当事者との関係から考察することで今後への提言を行うことを課せられた本研究において、生活保護ソーシャルワーカー任用の仕組みを確認することは必要不可欠であるからである。

１．生活保護ソーシャルワーカー任用の歴史的経緯

　日本の生活保護制度は、第二次世界大戦後、1946（昭和21）年に制定された生活保護法によって運用されている。この法律は、欠格条項や生活保護利用者の保護請求権を認めないなどの特徴をもっていた。その後、1950（昭和25）年には生活保護法の改正が行われ、欠格条項の削除や生活保護利用者の保護請求権を認めることとなった。同法は、改正を繰り返しながら、今日に至るまで生活保護制度を支える根幹となる法律として機能している。生活保護制度は、様々な機関や組織によって運営されているが、そのなかでも中核的な役割を果たすのは、福祉事務所である。福祉事務所は、社会福祉法第14条に規定された「福祉に関する事務所」を指し、福祉六法に定められた援護、育成または更生の措置に関する事務を司る第一線の社会福祉行政機関である。
　福祉事務所には社会福祉法第15条に規定された職員に関する配置基準がある。そのなかで、指導監督を行う所員（査察指導員）ならびに、現業を行う所

員（現業員）は、社会福祉主事でなければならないとされている。社会福祉法第19条ではその資格要件として、「社会福祉主事は、都道府県知事又は市町村長の補助機関である職員とし、年齢二十年以上の者であつて、人格が高潔で、思慮が円熟し、社会福祉の増進に熱意があり、かつ、次の各号のいずれかに該当するもののうちから任用しなければならない」と記載されている。上記の「該当するもの」には、代表的なものとして、大学等において社会福祉に関する科目を3科目以上修めて卒業した者も入ることから、一般的に「三科目主事」と呼ばれている（青木2017:270）。

　社会福祉主事任用資格は、第二次世界大戦後、占領期の1950（昭和25）年に制定された「社会福祉主事の設置に関する法律」により、生活保護法の実施に携わる職員、すなわち主に福祉事務所の専任職員に必要な資格として規定された。社会福祉主事は、それまで生活困窮者に対する対応を担ってきた民生委員に代わる職員として、その役割を期待された。民生委員制度の前身である方面委員は、笠井信一が岡山県知事として済世顧問制度を設立したことを起源として、大阪府知事であった林市蔵によって、その礎が築かれた（田中2018:96-99、小笠原2013）。済世顧問制度の成立に携わった笠井は、制度創設当初より地域住民との個別的な関わりを重視しており、それは後のケースワークにつながる土台となった（山本2012a:55）。笠井は、済世顧問に対し対象者を「教化、指導により、貧困状態から脱却させること」を目指していた（山本2012b:118）。また、方面委員は、「日本で初めてソーシャルワークを実践した」（三島2017:148）といわれ、「典型的なソーシャル・アクションを行った」（吉田1966:27）ことにより、生活保護法の前身といわれる救護法の実施にも貢献した（副田2007:467）。その一方、当時の状況においては、「方面委員制度のほかに実践を期待する制度がなく」、方面委員が行うケースワークは、「保護だけでなく、援助が必要な状態にある人を『独立して困らない』人間像に『自発的』に変容するために教え導くという『個人生活への管理的介入』を行う可能性を有していた」とされている（岩本2011:45-46）。

　上記は、「戦争中、戦時国策へ協力をおこない、戦争遂行への寄与に終始する

形をとっていたといわれており」、GHQ（連合国最高司令官総指令部）にとって望ましいものではなかったとする評価に繋がっていく（橋本2011:13）。

　さらに、方面委員制度は、「占領軍の福祉担当官の母国、アメリカ合衆国の経験による限り理解困難」（髙澤2001:304）であり「不可解」なものであったとされる（田中1991:53）。当時、「国家責任の明確化を実現した公的扶助（生活保護法）が制定されたにもかかわらず、制度の運営に携わっていた民生委員の根本的思想は、1800年代後半に制度化された恤救規則の『人民相互の情誼』と何ら変わらないもので」、「生活保護行政では日常的な人権侵害が発生することになった」とされる（村田2018:167）。

　社会福祉主事制度が成立するまでには、「わが国古来の隣保相扶」に合致することや、「人件費、事務費等の節減」等の理由により、民生委員がこれまで通りの任務を遂行したほうがよいとする社会福祉主事「廃止論」も検討され（寺脇編2013:201）、その名称も「社会事業主事」との呼称案があった（寺脇2013:11）。このように紆余曲折の末、社会福祉主事制度が成立した。社会福祉主事の誕生により、民生委員は、それまでの補助機関から協力機関へと切り替えが行われた。

　しかし、この切り替えは一枚岩では行われなかった。日本側は、社会福祉主事制度に対する不安から、民生委員を「福祉行政の場から完全に排除」したのではなく、「活躍」を期待した（加川2017:11）。さらに、民生委員の立場からも、「濫救、漏救なく人格的に適正な人物を選べるか」、「役人的対応で十分に要保護者に接していけるか」、「役人が移動を常とする状況から、その担当地域を十分熟知できるか」等について、社会福祉主事に対して批判の声が挙げられた（六波羅1985:54）。その一方で、「民生委員を生活保護行政の補助機関として公的性格を強化することは、戦時下の方面委員制度が歩んだ道を繰り返すことになる」側面も有していたとされる（小笠原2012:97）。

　このような経過のなかで村上貴美子は、民生委員の役割について、「厚生省は、GHQと生活保護制度の第一線の補助機関である民生委員との板ばさみのなかで、結局"玉虫色"の結論を出さざるをえなかった」のであると述べる（村

上1987:241)。社会福祉主事制度が誕生した直後、民生委員には、「福祉事務所の監督を受け現代のサービスの原理にもとらないように」、「指導の押しつけ、一方的指示、説教、優越的な態度や圧迫等」を行わないことが期待されていた（黒木1953:21）。これらの制度変遷は、岩田正美が述べるように「『戦後体制』は戦前社会事業の全否定のうえに形成されたわけではない」ことを表しているといえよう（岩田2016:118）。

社会福祉主事が設置された理由として木村忠二郎は、生活保護行政の科学化が行われ、専任職員が質的に専門的技術を有している必要があることを挙げている（木村1951:77）。

社会福祉主事誕生の背景には、アメリカから構想を持ち帰った黒木利克の尽力がある。黒木は、「福祉地区」に置く福祉事務所の「ゼネリックなワーカー」としての社会福祉主事を構想していた（秋山2007:20）。黒木は、社会福祉主事制度ならびに福祉事務所が誕生した理由として、「益々専門技術化してゆく公的扶助行政を円滑に運営するための現実的要請」を挙げ、「公的扶助行政のよって立つ近代民主主義的原理に立脚し、これらを行政運営の上に具現するための方法として当然の要求に基くもの」であるとしている（黒木1955:9）。

本制度が成立した当時、社会福祉主事として任用された者は、「社会保障・社会福祉の新たな制度を築き、切り開いてゆくんだ。と職場の全員が、責任感と熱情に燃えていた」とされる（桂2008:64）。しかし、その実態は、担当するケースの多さ、次々とワーカーの肩にのしかかってくる雑務などが「理想にもえたワーカーの上に重々しくのしかかって、彼らの理想と現実の間に板挟みとし、その意欲を失わせることになった」のである（仲村1960:357）。

占領初期において、GHQは、「当時のわが国における未熟な社会福祉従事者へのケースワーク技術の導入は時期尚早だと考えられていた節が」あったとされる（田中壽2005:232）。

しかし、その後、GHQの社会事業教育訓練係長であったフローレンス・ブルーガーが日本の公的扶助領域にケースワークの考えを根付かせ、社会福祉専門職を導入しようと試みた。ブルーガーは、日本の社会事業教育にもケースワー

クを中心とするソーシャルワークを重視したカリキュラムを導入し、その定着を図った（阿部・渡邊2013:59）。「国は、社会福祉主事を養成するにあたり、社会福祉の専門職として、一定の知識や技術を備えた人材を養成することを目指していた」とされる（新保2010:16）。だが、社会福祉主事制度は、日本においてGHQの思い描いたようには成長しなかったのである。

　上記のような課題を内包し続けた社会福祉主事制度は、2000（平成12）年に制定された社会福祉法に引き継がれ現在に至っている（坂下・田中2011：79-94）、（田中2017：5-15）。

　村田隆史は、社会福祉主事が制度創設時から十分に定着しなかった理由として、市町村から独立した福祉事務所を設置し、社会福祉専門職としての社会福祉主事の配置を目指す黒木利克と、行政に社会福祉専門職を置くことに強く反対した当時の自治庁、大蔵省、全日本民生委員連盟の意見相違を挙げている（村田2018:262-263）。その結果、社会福祉主事制度は妥協を余儀なくされ、その役割や専門性が今日に至るまで曖昧なままである。

２．生活保護ソーシャルワーカー任用の現状

　上記のように生活保護ソーシャルワーカーの歴史を紐解いたとき、そこには社会福祉主事制度との関連が認められた。2020（令和２）年４月現在、全国には1,250ヵ所の福祉事務所が設置されており、そこには所長、指導監督を行う所員（査察指導員）、現業を行う所員（現業員）、事務を行う所員（事務員）を配置しなければならない。また、これまで述べてきたように、指導監督を行う所員（査察指導員）ならびに、現業を行う所員（現業員）は、社会福祉主事でなければならない。所員の配置状況については、2016（平成28）年は3,762人（生活保護担当は3,120人）であり、2009（平成21）年と比べて541人（生活保護担当は524人）増加している。現業員（常勤）の総数は、2016（平成28）年は24,786人（生活保護担当は18,183人）であり、2009（平成21）年と比べて5,380人（生活保護担当は4,302人）増加している（野田2021:176-177）。

また、職員配属について三和治は、1980年代初頭に、生活保護ソーシャルワーカーの職場である「福祉事務所から早く転任したい」、「福祉事務所へは『行きたくない』という希望がある」現状を述べている（三和1981:184）。その職場は今日においても、「人気がなく」、「配属を希望する職員が少なく一旦配属されても他部署への異動を訴える職員が多い」と指摘されている（元田2014:176）。
　日本総合研究所による全国の福祉事務所に対する現況調査では、各福祉事務所において3〜5年程度のサイクルで人事異動が行われていることが明らかになっている。このような人事慣行が全国の福祉事務所において踏襲されているのが今日の状況である（武井2021:8）。一方、福祉専門職採用を実施している福祉事務所の割合は、2017（平成29）年時点において、37.8％（郡部福祉事務所が34.4％、市部福祉事務所が39.0％、町村福祉事務所が26.9％）であった。さらに、社会福祉主事資格をもたない現業員が15.0％、同じく査察指導員が8.2％いることが明らかになっている（武井2021:7）。これまで述べてきたように、今日の生活保護ソーシャルワーカーが置かれている状況は、専門職として確立するには至っていない（畑本2018:18）。
　以上のように、生活保護ソーシャルワーカーの仕組みは紆余曲折を経て今日に至っている。以下の章では、このような状況にある生活保護ソーシャルワーカーを主な担い手とする公的扶助研究運動の歴史を紐解くことによって、公的扶助研究運動の今後のあり方について提言を行う。

【引用・参考文献】
青木紀(2017)『ケア専門職養成教育の研究―看護・介護・保育・福祉　分断から連携へ』明石書店.
秋山智久(2007)『社会福祉専門職の研究』ミネルヴァ書房.
阿部敦・渡邊かおり(2013)「社会事業教育における社会科学の視点―戦前・戦後のつながりに注目して」『奈良女子大学社会学論集』20.
岩田正美(2016)『社会福祉のトポス―社会福祉の新たな解釈を求めて』ミネルヴァ書房.
岩本華子(2011)「方面委員制度・活動へのケースワーク導入：1917年から1931年に焦点づけて」『社會問題研究』60.
小笠原慶彰(2012)「被占領期における林市蔵の思考と行動―方面委員制度から民生委員制度への

移行期を中心として」『社会福祉学』53(1).
小笠原慶彰(2013)『林市蔵の研究―方面委員制度との関わりを中心として』関西学院大学出版会.
加川充浩(2017)「戦後改革期の社会福祉制度構築と公私分離の諸相―社会福祉主事配置と民生委員制度改革をめぐって」『島根大学社会福祉論集』6.
桂泰三(2008)「歴史のなかの初期社会福祉主事」『華頂社会福祉学』4.
木村忠二郎(1951)『社会福祉事業法の解説』時事通信社.
黒木利克(1953)「生活保護制度におけるサービスについての試論」『社会事業』36(1).
黒木利克(1955)「戦後における公的扶助行政の原理」『社会事業』38(10).
坂下晃祥・田中秀和(2011)「社会福祉主事任用資格の歴史と課題」『花園大学社会福祉学部研究紀要』19.
新保美香(2010)「貧困とソーシャルワーク―生活保護におけるソーシャルワークをめぐって」『ソーシャルワーク学会誌』19.
副田義也(2007)『内務省の社会史』東京大学出版会.
高澤武司(2001)「敗戦と戦後社会福祉の成立―占領下の社会福祉事業」右田紀久恵・高澤武司・古川孝順編『社会福祉の歴史―政策と運動の展開（新版）』有斐閣.
武井瑞枝(2021)『福祉事務所における生活保護業務の展開と職員体制』同志社大学大学院総合政策科学研究科　博士論文.
田中秀和(2017)「生活保護ケースワーカーを描いた漫画作品におけるソーシャルワーカー像の研究」『ソーシャルワーカー』16.
田中秀和(2018)「先人たちの足跡をたどる　笠井信一　林市蔵」西尾祐吾・塚口伍喜夫監修　川崎順子・辻尾朋子・萩田藍子編『歴史との対話―現代福祉の源流を探る』大学教育出版.
田中壽(1991)「『占領期社会事業』研究抄」『東洋大学児童相談研究』10.
田中壽(2005)『戦後社会福祉基礎構造改革の原点―占領期社会事業と軍政』筒井書房.
寺脇隆夫(2013)「解説　福祉主事・福祉事務所について」寺脇隆夫編『資料集　戦後日本の社会福祉制度Ⅲ　福祉行政基本資料　第3巻　福祉主事・福祉事務所(1)』柏書房.
寺脇隆夫編(2013)『資料集　戦後日本の社会福祉制度Ⅲ　福祉行政基本資料　第4巻　福祉主事・福祉事務所(2)』柏書房.
仲村優一(1960)「戦後における公的扶助制度の転回（二）―処遇方法を中心として」日本社会事業大学・救貧制度研究会編『日本の救貧制度』勁草書房.
野田博也(2021)「福祉事務所の役割」一般社団法人　日本ソーシャルワーク教育学校連盟編『貧困に対する支援』中央法規.
橋本理子(2011)「占領期における民生委員制度改革―埼玉県の民生委員活動を中心に」『立正社会福祉研究』12(2).
畑本裕介(2018)「社会福祉行政における専門性」『同志社政策科学研究』19(2).
三島亜紀子(2017)『社会福祉学は「社会」をどう捉えてきたのか―ソーシャルワークのグローバル定義における専門職像』勁草書房.
三和治(1981)「生活保護の実施からみた現状と課題」『社会政策叢』2.

村上貴美子(1987)『占領期の福祉政策』勁草書房.
村田隆史(2018)『生活保護法成立過程の研究』自治体研究社.
元田宏樹(2014)「福祉事務所における職員の現状と課題」『公共政策志林』2.
山本浩史(2012a)「済世顧問制度におけるケースワーク概念」『岡山県立大学保健福祉学部紀要』19(1).
山本浩史(2012b)「創設期における済世顧問制度と済世顧問―笠井信一の思想を踏まえ」『社会福祉学』53(1).
吉田久一(1966)「民生委員制度の歴史と問題点」『月間福祉』49(10).
六波羅詩朗(1985)「福祉事務所の成立と生活保護―新生活保護法制定期を中心として」『社会事業研究所年報』21.

第1章　当事者不在で出発した公的扶助研究運動

―全国障害者問題研究会との比較を通して

　本章では、全国公的扶助研究会（以下、公扶研）における研究運動の特徴を描き出すために、障害領域の研究運動団体である全国障害者問題研究会（以下、全障研）との比較を行う。本章で明らかにしたいことは、各研究運動団体による当事者との距離間の違いである。公的扶助領域の当事者は、障害領域のそれと比較し、社会的プレッシャーグループをもちにくく、当事者同士の連携が成立しにくい。研究運動団体はこのような課題にいかに立ち向かっていくべきなのであろうか。公扶研は研究運動団体として他の研究運動から学ぶものがあるのではないか。

　上記のような課題設定を行った場合、公扶研の研究運動は、全障研のそれから学ぶものが多い。そのため、本書では、公扶研の比較対象として、全障研を選択する。

1．社会福祉研究運動とはなにか

（1）社会福祉研究運動に関する先行研究の検討

　公扶研を社会福祉研究運動団体のひとつとして、そこにどのような特徴を導き出すことができるのであろうか。大友信勝は、公扶研を含む社会福祉研究運動団体に関する理論的研究を行っている数少ない研究者のひとりである。本章では、主に大友の先行研究に学びながら、社会福祉研究運動の視点からみた公扶研の特徴を描き出したい。

大友による社会福祉研究運動に関する先行研究は、次に挙げる3つの研究のなかで展開されている。

　①公扶研の前身である公的扶助研究全国連絡会（以下、公扶研連）の結成から、1993（平成5）年に発生した福祉川柳事件により同会の活動が停止に追い込まれるまでの歴史を描いた書籍である『公的扶助の展開―公的扶助研究運動と生活保護行政の歩み』の「おわりに―公的扶助研究運動の歩みと意義」において、一部述べられている（大友2000：213-221）。
　②公扶研連によって1993（平成5）年に引き起こされた福祉川柳事件について多角的に分析した研究のなかに、「社会福祉研究運動の意義と理論的課題」として、社会福祉研究運動について理論的整理を行っている（大友2004:141-181）。
　③社会事業史学会誌『社会事業史研究』の特集「社会福祉運動の歴史と展望」において、社会福祉研究運動を歴史的視点から整理し、その特徴と課題についてまとめた研究を行っている（大友2009:43-55）。

　本章では、社会福祉研究運動のなかでも、公的扶助研究運動の特徴を描くことに主眼を置く。そのため、公的扶助研究運動を中心に論じている上記の先行研究について、詳細な検討を以下で行う。
　上記に挙げた大友による先行研究のなかで、社会福祉研究運動について最も詳細に検討しているのは、②である。よって、ここでは大友（2004）のなかで述べられた社会福祉研究運動に関する記述を中心に検討を行う。
　大友は、社会福祉研究運動を理論的に整理しようとする際、最初に立ちはだかる壁として、生活保護、障害者福祉、児童福祉、高齢者福祉等の各研究運動団体の歴史がほとんどまとめられていないことを挙げている（大友2004:152）。そのため、メンバーの入れ替わりによる資料の散逸、理論と実践の堂々巡りが生じやすい（大友2004:153）。各研究運動団体が行ってきた活動の知的財産を守る仕事の必要性が述べられている（大友2004:153）。
　一方、公扶研の比較対象として取り上げる全障研に関する先行研究には、全

障研の活動史（全国障害者問題研究会1997）、（全国障害者問題研究会2007）、（全国障害者問題研究会2018）が発行されており、これらから、同会の視点からみた研究運動の歴史を知ることができる。

（2）社会福祉研究運動の社会的位置

大友による先行研究では、社会福祉研究運動の社会的位置について学会、職能団体、労働組合との関連のなかで、以下のように位置づけている（大友2004:167）。

図1－1　社会福祉研究運動の位置

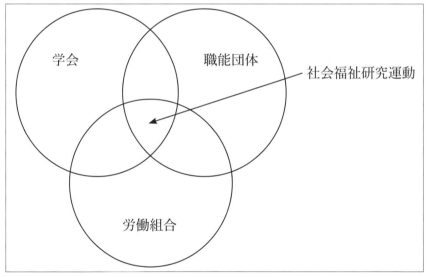

大友（2004:167）

大友によると、社会福祉研究運動とは、上記に挙げた学会、職能団体、労働組合のそれぞれとの共通部分と異なる部分をもつ独自のものである（大友2009:43-55）。社会福祉研究運動が学会と共通している部分は、研究運動が、自らの実践に対し、理論化を試みているところである。職能団体と社会福祉研究

運動の共通点は、実践の専門化を図り、その原理を探求する部分である。また、労働組合との関連では、実践者の身分の確保を図る必要性が、社会福祉研究運動のなかで生じてきた歴史があり、同運動は労働組合的要素を含むものである。

図1－2　実践・研究運動団体と各主体との相互関連

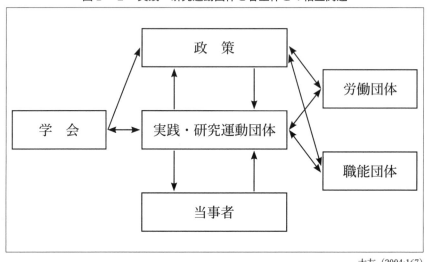

大友（2004:167）

　また大友は、社会福祉研究運動を中心とした政策・理論・運動の相互関連を図1－2のように示している（大友2004:167）。図1－2をみると、社会福祉研究運動は多様な要因によって成立していることが読み取れる。それは、社会福祉研究運動が、運動の展開によって政策を変えていく力を有していること、当事者の声が運動を支えていくうえで重要であること等を教えてくれている。以下、公扶研の特徴を全障研とのそれぞれの歴史比較のなかで考察する。

2．公的扶助研究運動の特徴 ―その歴史を通して

（1）公的扶助研究運動の開始

　社会福祉研究運動の視点からみた公扶研の特徴を明らかにするために、ここでは、公扶研の前身である公扶研連の設立経緯について論究する。本研究は、様々な社会福祉研究運動のなかでも、公的扶助研究運動の特徴を明らかにすることに主眼を置いているため、その設立経緯を明らかにすることは、他の研究運動団体との比較を行ううえで欠かせない作業である。公的扶助研究運動の歴史に関する研究は、上記、大友（2000）のなかで詳細な検討が行われている。そのため、ここでも先行研究に学びながら、論述を進めていく。

　公的扶助研究運動とは、「社会福祉主事の自主的研究団体による自らの専門性の向上と身分の確保、公的扶助行政の民主的な運営に資する研究と実践を行うことを目的」とした研究運動である（大友2000:19）。

　本書で主題としている公扶研の前身である公扶研連は、どのような経緯をもって設立に至ったのであろうか。大友は、公扶研連の成立を、組織的活動を公式に展開した第1回準備会の開催に求められるとしている（大友2000:20）。

　大友が述べる公扶研連の第1回準備会は、1963（昭和38）年11月2日に発足した。同年7月、第1回全国セミナーが東京の社会事業新人会（日本社会事業大学関係者）、神奈川県社会福祉主事有志、『生活と福祉』編集部による全国への呼びかけと共催によって神奈川県の箱根を舞台として開催された。準備会の開催呼びかけは、社会事業新人会の白沢久一を中心に行われた（宮武2017:62）。

　同セミナーのテーマは、「公的扶助ケースワーカーはいかにあるべきか―仲村・岸論争をめぐって」であった（大友2000:19）。ここでテーマとして挙がっている「仲村・岸論争」は、「生活保護法第1条の解釈、つまり『最低限度の生活を保障する（最低生活保障A）』と『自立を助長する（自立助長B）』との位置づけをめぐる」ものであるが（加藤2005:88）、この論争の関心が高まったき

っかけは、上記のセミナーであった（大友2016:17）。「仲村・岸論争」は結果的に、公的扶助とケースワークにかかわる研究運動の成立を促したとされる（大友2016:21）。

　第1回全国セミナーは上記のように、東京の社会事業新人会、神奈川県社会福祉主事有志、『生活と福祉』編集部による共催であった。『生活と福祉』は、1956（昭和31）年に生活保護行政の専門誌として財団法人「社会福祉調査会」から発刊され、1959（昭和34）年には全国社会福祉協議会へ移管されて今日に至っている（大友2000:23）。『生活と福祉』編集部が、第1回全国セミナーの主催者として名を連ねた要因はどこにあるのか。『生活と福祉』発刊の背景には、当時実施されていた生活保護第一次「適正化」政策により、実務を担っていた生活保護ソーシャルワーカーの意欲低下に対する後遺症対策がある（大友2000:23）。生活保護第一次「適正化」政策は、1954（昭和29）年から1956（昭和31）年にかけて実施された（大友2000:435-436）。

　当時、結核患者の療養に対し、結核予防法、精神衛生法による措置入院が十分になされていない現状があり、生活保護法の他法他施策優先の原則に例外を設けたため、医療扶助人員が増加した（岩永2011:89-92）。これに対し、厚生省は、入院患者の退院を促進させようと「適正化」政策を推進し、それに対する日本患者同盟による激しい反対運動も実ることはなかった（副田2014:65-68）、（酒井2023:82-92）。また、同時期には在日外国人に対する「適正化」政策も実施され（副田2014:68-72）、「濫救」を防ぐことに力を注がざるを得ない立場にあった当時の生活保護ソーシャルワーカーには意欲低下が蔓延していた。

　上記のような状況のなかで、1956（昭和31）年、厚生省の黒木利克保護課長は、機関誌を創刊することによって、それを国と地方自治体のパイプ役にしようと考えた。また、黒木の後任であった尾崎重毅は、『生活と福祉』を通じて、「公的扶助協会」のようなものを育てたいと考えていたとされる（大友2000:24）。『生活と福祉』の編集方針は、行政の御用達にならないよう、適度な批判精神を失わず、役所の関係者に迷惑にならないように努力するというものであった（大友2000:25）。このような経過と方針をもって創刊に至った『生活と福祉』誌上

に、第1回全国セミナーの開催要項が掲載されたのである（大友2016:21）。

上記の経過から、第1回全国セミナー開催時における公的扶助研究運動は、「自主的」な側面をもちつつも、当時の厚生省の影響を受けた『生活と福祉』編集部が主催者の一翼を担っていることから、公的扶助研究運動団体と行政が共に協力しながらセミナーを作り上げているという点において、今日における公的扶助研究運動とは、その様相を異にする。

今日における公的扶助研究運動は、後述するように、自主的研究運動としての側面が強固であり、国の政策に対し批判的な視点からソーシャルアクションを展開している側面が強い。『生活と福祉』が創刊された当時は、厚生省自らが、生活保護第一次「適正化」政策によって意欲低下がもたらされた生活保護ソーシャルワーカーたちの後遺症対策を考え、ワーカーが意欲的に仕事を行えるような配慮がなされていた。このように当時は、政策を作る側である国（当時の厚生省）と、福祉事務所で実務を担う生活保護ソーシャルワーカー（主に社会福祉主事）が共に手を取り合って、当事者である生活保護利用者の健康で文化的な最低限度の生活を考えていたといえるのではないか。そのなかで、公的扶助研究運動は、当時の国や厚生省を生活保護ソーシャルワーカーの仲間として、近い距離に見据えながら、そのスタートを切ったのである。

（２）公的扶助研究運動の立ち位置をめぐって ―「自主路線」と「幅広路線」

上記のようなスタートを切った公的扶助研究運動は、「仲村・岸論争」を主題として第1回全国セミナーが開催されたが、その後、課題として挙がったのは、全国組織化と研究運動の立ち位置をどこに定めるのかであった。当時の生活保護ソーシャルワーカーが研究運動に向けた意見は、以下のように要約される（大友2000:27）。

1．労働組合活動が不十分であったり、なかったりする現状に対し、組合活動を期待し、身分保障や労働条件の改善をもちこもうとする意見。
2．専門職意識が強く、方法、技術論を求める意見。

3．生活保護基準や実施要領のあり方等で、現任訓練や行政研修で得られないものを期待する意見。
　4．厚生省・地方自治体当局・社会福祉主事の率直な意見交換を求める意見。

　このように、様々な意見が存在するなかで公的扶助研究運動は、第2回セミナーの開催を目指して準備会を進めていた。公的扶助研究運動を全国展開していくため、当初準備会では、東京以外でのセミナー開催を考えていた（大友2000:27）。これに対し、三重県12市社会福祉主事連絡協議会から、厚生省、全国社会福祉協議会も全国セミナーの主催者として加えるべきとする意見が提出された。この意見に対しては、厚生省関係者が個人参加でセミナーに参加することは構わないが、共催団体となるのはセミナーの自主的性格からみて反対とする意見や、セミナーはあくまでも自主的に実施されるべきとの意見が出され、結果的に第2回セミナーは東京にて開催されることとなった（大友2000:27-28）。ここで公的扶助研究運動は、自主的開催と運営に舵を切ったのである。
　上記のように当時、公的扶助研究運動には「自主路線」を主張するグループと「幅広路線」を主張するグループが存在していた。それぞれのグループにおける特徴は以下の通りである（大友2000:28-31）。

〈「自主路線」グループの特徴（東京の社会事業新人会や、京都ケースワーカー協会が該当）〉
・発足の経緯が、自主的研究会や労働組合の職能別組織の役割をもって結成されている。
・研究会の性格が行政機関との関係において独立性が強く、研究・組合志向が高い。

〈「幅広路線」グループの特徴（三重県12市社会福祉主事連絡協議会が該当）〉
・生活保護行政のあり方を国、地方自治体（福祉事務所）、社会福祉主事の連絡協議会が率直に意見交換し、時に社会福祉主事が行政当局の後援を得て、研

修や交流を自発的に開催、運営しようとする。

　社会福祉研究運動を進める際、上記、それぞれのグループから提出された意見は、一方が正しく、片方が誤りというものではない。双方の意見が出ることはむしろ当然のことであろう。これらの意見のどちらを軸に研究運動を進めていくのかは、各領域において実施されている社会福祉研究運動における特徴を表すものといえよう。公的扶助研究運動は、上記したように、「自主路線」を選択していく。

　第2回全国セミナーは、個人の資格によって参加した厚生省保護係長土屋三友から、公的扶助研究運動の「自主路線」を称賛する挨拶が行われた。また、公的扶助研究全国連絡会準備会から、公的扶助研究運動における実践の指針を「あらゆる職場で公的扶助の学習を。あらゆる地域で自主的な研究会と調査活動を。どんな小さな事柄でも実践記録に積みあげよう」として呼びかけが行われた（大友2000:31-34）。これらの事柄は、公的扶助研究運動の「自主路線」化を促進していくこととなる。

　「自主路線」の方向へ舵を切った公的扶助研究運動は、第3回全国セミナーを神戸市において開催した。第2回全国セミナーから第3回全国セミナーの間には、生活保護の第二次「適正化」政策が開始されている。

　生活保護第二次「適正化」政策は、1964（昭和39）年から1966（昭和41）年にかけて実施された（大友2000:442-445）。その背景には、経済不況の表面化、産炭地域等の特定地域における保護率の急増等がある（副田2014:131-143）。この生活保護第二次「適正化」政策は、公的扶助研究運動の「自主路線」化をより推進する方向に作用した。

　神戸市で開催された第3回全国セミナーは、生活保護第二次「適正化」政策真っただ中の1965（昭和40）年6月12～13日に実施された。生活保護「適正化」政策は、公的扶助研究運動を展開していくにあたり、困難さを与える事象である。日本における生活保護「適正化」政策は、上記の通り、漏救よりも濫救を防ぐことに主眼を置いている。第3回全国セミナーにおける『第3回全国公扶

研セミナー特集号』では、社会福祉学者の小倉襄二から、生活保護「適正化」政策という風圧が迫ってきており、それをケースワーカーの団結によって乗り越えようとのメッセージが届けられている（大友2000:38）。その一方で、セミナー開催地である神戸市民生局保護課長からは、公的扶助研究運動に一定の理解を示しながらも、公的扶助行政の実施はあくまでも本省の指示、指導によって行うべきものであり、個人の意見を挟んではならないと述べ、研究運動に対し釘を刺す場面がみられた（大友2000:36）。

　このような過程を経て、第3回全国セミナー終了後、正式に公扶研連が結成の運びとなった。これは、社会福祉の領域において、最も早く組織化された自主的研究運動団体のひとつとして注目を浴びた（大友2000:39）。

　公扶研連の第4回全国セミナーが京都で開催された後、第5回全国セミナーは紆余曲折ののち、東海地区の担当となった。実質的には四日市市福祉事務所が担当し、公的扶助研究運動に対し、「幅広路線」のスタイルを主張する平野泰一が実行委員会事務局長を務めた。第5回全国セミナーは無事に開催されたが、セミナー終了後に待っていたのは、セミナーの開催に努力した四日市市福祉事務所の事務局関係者を中心とした配置転換（以下、配転）であった（大友2000:50-51）。

（3）自主路線の進路を取る公的扶助研究運動

　上記の配転は、公的扶助研究運動の位置づけを考えるうえで、重要な契機となった。それは、「自主路線」と「幅広路線」の間で揺れ動く研究運動の立ち位置を「自主路線」の方向へ舵を切るきっかけとして機能した。公的扶助研究運動を積極的に行うことは、その時々において実施されている政策に対し、批判的な視点を含むこととなる。なぜなら、当時の第二次生活保護「適正化」政策をはじめとする公的扶助政策が、その仕組みを利用する当事者の立場ではなく、当時の厚生省をはじめとする政策立案者側の意向が優先されていたからである。「漏救」よりも「濫救」を防ごうとする政策立案者側の意向は、福祉事務所において、日々実践を積み重ねる生活保護ソーシャルワーカーの意欲を削ぐことに

繋がる。そのための解決策のひとつとして公的扶助研究運動があるわけであるが、この運動は、上記の通り、当時、厚生省の黒木利克保護課長による提案がきっかけのひとつであった。

　第二次生活保護「適正化」政策による生活保護ソーシャルワーカーの意欲低下を防ぐための「飴」として、公的扶助研究運動を成立させるための努力を厚生省は行ったのである。しかし、正式に公扶研連が発足し、全国セミナーを重ねていくなかで、研究運動を積極的に行った生活保護ソーシャルワーカーに待っていたのは配転という「鞭」であった。「飴」を与えたのは厚生省であり、「鞭」を打ったのは、それぞれの生活保護ソーシャルワーカーを雇用する地方自治体であった。この事実はどのように解釈できるのであろうか。生活保護ソーシャルワーカーの意欲低下防止のために、研究運動の成立に一定の役割を果たした厚生省は、地方自治体の配転を予測できたのであろうか。この点は、研究運動を考えるうえで重要な論点である。研究運動と政府、政策との距離の取り方はどのような特徴を有するのであろうか。公的扶助研究運動の主な担い手は、地方自治体に所属する生活保護ソーシャルワーカーである。上記の通り、公的扶助領域において研究運動を推進することは、自らの所属する組織に対して牙をむくことにも繋がる可能性があるものである。上記にも挙げた、第3回全国セミナーにおける神戸市民生局保護課長からの挨拶は、公的扶助研究運動に対する一定の理解を見せつつも、行政の施策に反論する者は許さないというメッセージのようにも受け取れる。第3回全国セミナーを主体的に担ったメンバーも、第5回全国セミナー同様、配転を受けている（大友2009:49）。

　このように、公的扶助研究運動の特徴は、研究運動の推進が、自らの所属組織を批判することに繋がり、それを嫌う地方自治体が、当該者を配転するというところにみられる。つまり、公的扶助研究運動は、行政機関と距離をもつ「自主路線」を取ることで「権力からの自立」を最低条件（大友2009:49）として成立するものであることがわかる。本章で挙げた大友による図1－1には、研究運動成立の一翼に労働組合が含まれているが、公的扶助研究運動はこの存在がより不可欠であり、強力でなければ成立しない。なぜなら、自らの雇用先が批

判対象となりうる公的扶助研究運動は、配転という「鞭」と隣り合わせであるからである。「鞭」を行使させないためには、労働組合活動が活発に行われている必要性が生じるのである。

初期の公的扶助研究運動に厚生省による働きかけがあったため、研究運動は「自主路線」と「幅広路線」の間で揺れ動きがあった。厚生省は、現場の生活保護ソーシャルワーカーと共に研究運動を推進するポジション（立場）を取ることで、生活保護ソーシャルワーカーからの批判をかわす狙いがあったのではないかと筆者は考える。しかし、その思惑は外れた。「飴」を提示したのは厚生省であったが、「鞭」を与えたのは地方自治体であった。厚生省と地方自治体の連携プレーに対し、公的扶助研究運動は「自主路線」を選択し、労働組合の強化によって研究運動の仲間を守ろうとしたのである。第5回全国セミナー後、「自主路線」の道を進む決意を固めた公扶研連は、1993（平成5）年に発生した福祉川柳事件によって、機能停止に追い込まれたものの、その後再建された公扶研が今日に至るまで「自主路線」による活動を継続している。

ここまで公扶研の前身である公扶研連の歴史を述べてきた。以上から、公扶研連は、国や地方自治体との関係から研究運動を進めていくうえでは、労働組合としての側面を強めてきたことが伺える。研究運動を推進していくためには、メンバーの不本意な配転を防ぐことが必要とされた。公扶研連は、生活保護「適正化」政策に対する批判などを通して、国や地方自治体から距離を取るようになる。図1－2における関係性のなかで公扶研連の特徴をみると、公扶研連は研究運動を進めるなかで、政策との対峙に重点を置いてきたといえる。

3．公的扶助研究の当事者性 ―障害者運動団体との比較を通して

（1）障害者運動団体の運動史と特徴

①全障研の特徴 ―当事者と向き合わざるを得なかった全障研

全障研は、1967（昭和42）年に結成された社会福祉研究運動の障害領域を担

第 1 章　当事者不在で出発した公的扶助研究運動

う自主的研究運動団体である。同年 8 月には、東京で結成大会が開催され430名が参加した（荒川2018:59）。全障研は、日本教職員組合（以下、日教組）の第15次全国教育研究集会の障害児教育分科会に参加していた教員や研究者を中心として結成されたものである（杉本2008:68）。

　本章では、全障研の特徴を描き出すための素材として、1970年代に勃発した養護学校義務制実施をめぐる論争に着目する。その理由は、当該論争が障害をもつ当事者を巻き込み、全障研が当事者団体から批判の的となったからである。この点は、本研究において主題としている公扶研との差異がみられる点であると筆者は考えるため、ここに焦点を当てて考察を行う。

　全障研は、研究の視点として「発達保障論」を掲げて運動を展開していく。全障研の考える「発達保障論」とは、「障害児」はすべての人間が通過する発達過程のある段階で「もつれ」を生じているために次の発達段階に進むことができていない子どもであり、その「もつれ」の構造と発達の過程を科学的に解明することによって、障害児の全面的な発達を保障することが可能との考え方を有するものである（杉本2008:68）。この考え方の特徴は、障害を克服すべき対象として捉えていることである。このような全障研による障害の捉え方は、1970年代の養護学校義務化をめぐる議論のなかで、障害当事者の団体である全国障害者解放運動連絡会議（以下、全障連）から異議申し立てを受けることになる。

　全障連は、1974（昭和49）年、大阪の養護学校建設に反対した関西青い芝の会連合会らが、全国的な組織の必要性を訴え、代表幹事に全国青い芝の会代表の横塚晃一を選出し、1976（昭和51）年の結成大会をもって正式に発足した（立岩2012:342）。全障連の目的は、障害種別を超えて「障害者の自立と解放」を勝ち取ることであった（荒井2019:57）。

　全障研と全障連の間で論争となった養護学校義務化は、第二次世界大戦後、日本国憲法で保障されている「教育を受ける権利」が、就学猶予や就学免除などにより保障されてこなかったことをひとつの背景として引き起こされた。そして、直接的には、障害のある子どもたちの権利を守ろうとする動きが活発化してきた1973（昭和48）年に政府が、1979（昭和54）年度より養護学校義務制

45

を実施するとの予告政令を出したことに端を発する（杉本2008:100）。

　そもそも、全障研発足の背景のひとつには教育運動の蓄積がある。それは、障害をもつ子どもたちに対する教育をそれまでの差別的な特殊教育から脱皮させようとする意図から生まれたものである。前述の、日教組第15次全国教育研究集会障害児教育分科会による「障害児教育研究の全国サークルをつくろう」との提案が満場一致で承認されたことが、全障研の結成に繋がっていくのである（荒川2018:58）。研究会結成から、1970年代にかけて全障研の「中心的課題は、障害児の教育権保障とその制度的到達目標としての養護学校義務制実施にあった」のである（中村2007:73）。

　一方、全障連は上記の通り、養護学校建設に反対する青い芝会の主要メンバーが中心となって結成された。当時、全障研は、養護学校義務化に賛成の立場を示しており（渡邊2016:485）、全障研と全障連は激しく対立することとなった。全障連は、全障研が掲げる「発達保障論」に基づく運動方針に対し、厳しく批判を行った。

　全障連が捉える全障研の「発達保障論」は、障害を有する者は健常者に近づくべき存在であり、それは障害者のアイデンティティを揺るがせ、健常者の管理のなかにおいてしか生きられない障害者を生み出すものであるとするものである（杉本2008:97-98）。全障連は、地域社会のなかで障害者が生きていくことを阻んでいる社会の差別と闘い、障害者自身が声をあげることにこだわったのである（小国2019:25）。また、全障連は、全障研が教育・医療・福祉の専門職を中心として運営されていることも批判的に捉えていた（荒井2017:191）。それは、障害者の問題を考える際に、障害当事者の意向ではなく、専門職のパターナリズムを全障連が全障研から嗅ぎ取ったものであるといえよう。

　全障連の結成大会は、全障研の第10回全国大会にぶつけられ、全障研の分科会会場には全障連のメンバーが多数おしかけて全障研に対する批判を行った（杉本2008:98）。全障研は、「参加者の整然とした態度によってこれを阻止」した（全国障害者問題研究会1997:56）。『全障研30年史』には、第10回全国大会の参加者からの声が以下のように紹介されている（全国障害者問題研究会1997:57）。

「全障連」の行為に対して怒りを覚えます。障害者を前面に押し出して健体者がアジ演説をするのは納得できません。「全障連」の誤った理論を徹底的に批判しなければならないと強く感じました。(聴力障害者・男・二五)

障害者の発達の科学的理論の創造と発展をさらに高めようと全国から集まった参加者の毅然とした態度の前に、全障連の人々の策動が粉砕された。これを目の前に見て、筋道の正しさが強く感じられた。(教員・男・四四)

　全障研からみた全障連の特徴は、「要求運動と研究運動を区別せず、暴力的に行政闘争や差別糾弾闘争をおしすすめたところにある」(鴨井1997:401)とされ、全障連の「妨害」は1980年代まで続けられてきたと述べられている（荒川2018:62)。
　全障研は自身に向けられた批判として、養護学校義務化阻止論を捉えており、それは、「部落民以外は差別者とする『解放教育』と結びついて『障害者以外は差別者』『発達を語るのも差別』との理屈をもって発達保障の理論や実践を攻撃の的とした」としている（荒川2018:61)。全障研は養護学校義務化に賛成する理由として、「権利としての障害児教育」を挙げている。これは、「教育に下限はなく、発達に上限はない」とする考えで、すべての子どもに全人格的発達に向けた学習権が保障されるべきであり（荒川2018:61-62)、そのためには養護学校義務化が必要であるとの論理である。
　全障研と全障連との対立の背景には、共産党と社会党（当時）の革新政党によるイデオロギーがあったとされる。障害者運動は政治的要素が強く、「政党イデオロギーとの適切な距離のとり方」が問われるものである（髙木2003:35)。

②青い芝の会とは —社会へ異議申立てを行う当事者団体の登場
　上記のように、全障研から厳しい批判を受けた全障連はすでに述べたように、青い芝の会を中心として発足した団体である。青い芝の会は、1957（昭和

32）年に脳性マヒ者によって結成された障害当事者団体である（定藤2011:35）。青い芝の会は、結成当初、親睦団体としての機能を重視していたが、徐々に障害者の主体性を尊重する運動へと、その力点を変更していく。その大きなきっかけとなったのは、1970（昭和45）年に横浜市で発生した障害児殺害事件である（田中2022:85-91）。この事件は、母親が重度の障害をもつ子どもに対する介護疲れ等を理由として生じたもので、母親に対する減刑運動が発生した（副田2008:235-280）。

　これに対し青い芝の会は、減刑運動に反対したのである。母親に対する減刑が認められることはすなわち、障害者はこの世にいない方がよいとする考えに加担することになり、障害を有しているものの存在を否定することに繋がると青い芝の会のメンバーは考えたのである。青い芝の会においてリーダーを務め、全障連においても代表幹事の役割を担った横塚晃一は、この事件から、「『障害者は、この世にあってはならない存在』として位置づけられていることに気づいた」と述べている（横塚2010:105）。青い芝の会は、「綱領」を以下のように定めている（横田2015:112-113）。

　一．われらは自らがCP者[1]であることを自覚する。

　われらは、現代社会にあって「本来あってはならない存在」とされつつある自らの位置を認識し、そこに一切の運動の原点をおかなければならないと信じ、且つ行動する。

　一．われらは強烈な自己主張を行なう。

　われらがCP者である事を自覚した時、そこに起こるのは自らを守ろうとする意志である。われらは強烈な自己主張こそそれを成しうる唯一の路であると信じ、且つ行動する。

一．われらは愛と正義を否定する。

われらは愛と正義のもつエゴイズムを鋭く告発し、それを否定する事によって生じる人間凝視に伴う相互理解こそ真の福祉であると信じ、且つ行動する。

一．われらは問題解決の路を選ばない。

われらは安易に問題の解決を図ろうとすることがいかに危険な妥協への出発であるか、身をもって知ってきた。われらは、次々と問題提起を行うことのみがわれらの行いうる運動であると信じ、且つ行動する。

横塚と同じく、青い芝の会で指導的役割を担った横田弘によると、上記の綱領は、現代社会において障害者は「本来あってはならない存在」と認識されており、それに対抗するには、強烈な自己主張が必要で、愛と正義のもつエゴイズムを鋭く告発し、安易に問題解決を図ろうとすることは、危険な妥協への出発であり、次々に問題提起を行うことを重視したものであるという（横田2015:112-113）。

このような主張を展開してきた青い芝の会は、養護学校義務化に関する議論においても、「我々は昭和五四年度養護学校義務化を我々障害者に養護学校就学を義務づけ、よりいっそう障害者差別、隔離収容への道をつきすすむものとしてとらえ、今後あらゆる方面において養護学校義務化を阻止していく闘いを作っていくと同時に、障害者解放の視点なくして教育問題を語ることはできないという世論をまきおこしていかなければならない」（横塚2010:313）と述べる横塚の言葉に代表されるように、義務化に対して激しく抗議を展開してきた。

青い芝の会は、1975（昭和50）年に養護学校義務化を阻止する方向を明確に打ち出し、神奈川県や当時の文部省と直接交渉の場をもった。このような流れのなかで、関西青い芝の会の同様の運動をきっかけとして全障連は結成された

のである。

③全障研と全障連の関係性をどうみるか ―成長の機会を与えられた全障研

　全障研と全障連の間で激しい議論の的となった養護学校義務化は、当初の予定通り1979（昭和54）年に実施された。現在におけるそれは、特別支援学校と名を変え今日に至っている。ここでは、養護学校義務化に対する議論の結果ではなく、その過程からみる全障研の特徴について考察してみたい。

　この出来事が生じた1970年代当時、障害者の組織化が急速に進み、障害者運動は全国的な展開をみせるようになっていた（杉本2008:110）。この運動は、低成長期の住民運動に表現された「新しい社会運動」のひとつの特徴とされる脱物質主義の思想を先取りしていたとされる（田中耕一郎2005:31）。社会福祉研究運動のなかでも、障害領域の研究運動団体である全障研は、発足間もないころから、障害当事者と向き合うことを避けて通れなかった。これは、全障研にとって成長の機会ではなかったか。実際、全障研は、学校卒業後に「働きたい」という当事者の声が挙がったことをひとつのきっかけとして、障害者の働く場について議論を深めていった歴史を有する。それは、共同作業所づくりの運動を広げることに繋がり、結果的に全国各地で共同作業所が発足することとなった（荒川2018:64-65）。発足当初から、障害当事者と向き合い、時にはそれと対立しながらも研究運動を進めてきた全障研には、当事者と向き合う力を育む機会が提供されていたとみることが可能である。全障研は、前述の大友による図1―2における、当事者との関係性が強いところが特徴といえる。

（2）当事者性をめぐる公扶研と障害者運動団体との差異

　本研究で主題としている公扶研ならびにその前身の公扶研連は、全障研と比較しどのような特徴を有するのであろうか。本章の歴史的考察を通して明らかになったことは、公扶研連が労働組合としての色彩をもった研究運動を展開してきたのに対して、全障研は障害当事者との関係性がより鮮明にみられることである。この点に関し、公扶研連は研究運動開始時点で、当事者及びその組織

が構成メンバーに入っていない（大友2009:50）。公扶研は「自主路線」と「幅広路線」との間で揺れ動き、「自主路線」を選択したが、そこに当事者からの意向は含まれていなかった。

　一方、全障研は、発足当初から養護学校義務化に関する議論をめぐり、専門家によるパターナリズムとの指摘を障害当事者から向けられてきた。このことは全障研の側からみれば、望ましいことではなかった。しかし、筆者はこれを全障研の成長の機会とみた。なぜなら、公扶研連にはこのような機会がなかったからである。当事者からの批判がないことは、一見すると望ましいことと捉えられる。だが、それがないことは、研究運動を担う者たちから自らの姿勢を自ら顧みる機会を奪い、パターナリズムを深化させることにも繋がりかねない。

　公扶研連は、全障研が障害当事者から批判を受けてから約20年の歳月を経て、社会問題にまで発展した福祉川柳事件を引き起こす。公扶研連は事件発生当時、個人の献身的努力によって支えられ、組織はそれに依存をしてきた（大友2009:51）。そのようななか、福祉川柳事件は民主的な運営やチェック機能が働く組織運営ができなかった公扶研連内部の問題が川柳掲載によって事件となり、社会問題にまで発展したものであった。事件発生時、先頭に立って公扶研連を抗議したのは障害者団体であった。そのなかには、本章において取り上げた全障連も含まれている（大友2004:191）。福祉川柳事件の発生要因については、上記の先行研究のなかでも検討されているが、本章との関連で取り上げるのは、当事者との関係の希薄さである。

　このような経過をみると、公扶研連は当事者との関係性について自らが熟考する機会を得ることができなかったとみることができる。生活保護「適正化」政策に抗い、配転を防ぐことに研究運動の特徴をもつ公扶研連は、当事者との関係性を考える機会に乏しかった。また、福祉川柳事件は公的扶助領域において徐々に形成されてきた多様な自立論の発展を阻害する働きを担ってしまったとされる（戸田2021:61）。障害領域では1970年代から経済的自立のみならず、積極的に公的制度を使いながら生活することを自立として捉えてきた（戸田2021:20-23）。公的扶助領域においても、「日常生活自立」、「社会生活自立」な

ど多様な自立観が登場しているものの、その一方においては、生活保護利用者に対して就労を促し、経済的自立を迫る政策が継続している。このような自立観の違いについても、公扶研は積極的に学び、当事者とともに多様な自立観の確立のために運動を進めていく必要がある。

今日、貧困状態は社会的排除を生み出すとされている。社会的排除の特徴は、「貧困が生活に必要なモノやサービスなどの『資源』の不足をその概念とするのに対して、社会的排除は『関係』の不足に着目して把握」するところにある（岩田2008:23）。これは、公的扶助研究運動の主な当事者である生活保護利用者は、他者との関係を築いていく機会に恵まれにくく、当事者同士の横のつながりを形成してくことが困難であることを示している（田中2020:99）。

4．考察 —当事者との関係を形成する機会を逸した公的扶助研究運動

本章では、公的扶助研究運動を全障研との比較のなかで考察してきた。公扶研連ならびに公扶研と全障研は領域や対象者等が異なるため、両者を単純に比較することはできない。それでも本章は、両者の間において、学ぶべき点があるとの認識から考察を進めてきた。

研究運動開始当初から当事者と向き合わざるを得なかった全障研の歴史について、別の角度から眺めたとき、それは、研究運動団体が当事者と向き合うための場作りの努力を行う必要性がなかったとする見方も可能である。一方、公的扶助研究運動は、当事者への視点を欠く状態のなかでもそれを継続することが可能であった。しかし、ここでの評価は筆者が2020年代の現在から行っているものである。公的扶助研究運動を当事者不在という理解のみで了解してもよいものだろうか。本章において比較分析してきた研究運動団体を構成するメンバーはいずれも、当事者に対して熱意を有するものである。なぜなら、熱意がないのであれば、研究運動に参画することは義務ではないので、そこから姿を消すことも可能であるからである。

また、本章で比較したいずれの研究運動団体も、それぞれの対象とする当事

者に対して、よりよい支援を行うための方法を模索していたことは共通している。しかし、両研究運動団体は、それぞれに課題を抱えながらその歩みを続けてきたのである。ここで両者に共通する課題は当事者に対するパターナリズムであった。本章で明らかにした課題に対して、公扶研連はいかなる対応が可能であったのか。

　公扶研連の歴史をみたとき、それは上記の大友による先行研究が示しているように、「配転」の歴史であった。そのため、公扶研連の運動は、研究運動団体としての運動のなかでも労働組合的な要素が強くなった。また、本章のなかで繰り返し述べているように、それを今日から振り返るなら、当事者不在とまとめることも可能である。しかし、当時における公扶研連の運動をみたとき、そのなかには当事者が、日本国憲法で保障された健康で文化的な最低限度の生活を維持できるよう生活保護ソーシャルワーカーが努力した側面があることは間違いない。相次ぐ生活保護「適正化」政策に抗い、自らの配転のリスクを背負ってまでメンバーが守りたいものは、当事者の生活であった。

　上記の歴史を今日から振り返るとき、それを批判的に分析するならば、公扶研連は、当事者との関係を形成する機会を逸したという結論にたどり着く。それは、ソーシャルワーカーのパターナリズムが批判され、当事者のエンパワメントやストレングスが強調される今日からの評価であり、当時の状況とは異なるとの批判も可能である。しかし、当事者と向き合うチャンスを公扶研連は自ら活かす努力が不足していた側面があることは否めない。生活保護ソーシャルワーカーが考える当事者のよりよい生活と、当事者自身が捉えるそれにはずれが生じる。両者のずれを修正していくためには、交流が必要であり、それが欠けていれば、ずれは大きくなっていく一方である。公扶研連は研究運動を展開するうえにおいて、労働組合的な要素が強いなかで研究運動を開始したために、生活保護ソーシャルワーカー自身の身分や雇用に関心が向き、研究運動団体として、当事者と向き合う機会に欠けていたのではないか。

　以下の章では、当事者が不在の公扶研連が直面した福祉川柳事件ならびに、その四半世紀後に発生した小田原ジャンパー事件を取り上げることによって、

公的扶助研究運動団体と当事者との関係がどのように変化したのかについて述べていく。

【注】
1) CP者とは、cerebrel paisy（脳性マヒ）者のことを指す。

【引用・参考文献】
荒井裕樹（2017）『差別されてる自覚はあるか―横田弘と青い芝の会「行動綱領」』現代書館.
荒井裕樹（2019）『どうして、もっと怒らないの？―生きづらい「いま」を生き延びる術は障害者運動が教えてくれる』現代書館.
荒川智（2018）「全障研の結成と全員就学・養護学校義務制　1960～1970年代」全国障害者問題研究会編『全障研50年史―発達保障の半世紀』全国障害者問題研究会出版部.
岩田正美（2008）『社会的排除―参加の欠如・不確かな帰属』有斐閣.
岩永理恵（2011）『生活保護は最低生活をどう構想したか―保護基準と実施要領の歴史分析』ミネルヴァ書房.
大友信勝（2000）『公的扶助の展開―公的扶助研究運動と生活保護行政の歩み』旬報社.
大友信勝（2004）『福祉川柳事件の検証』筒井書房.
大友信勝（2009）「社会福祉研究運動の歩みと課題」『社会事業史研究』36.
大友信勝（2016）「『仲村・岸論争』から学び得たもの」『社会福祉研究』125.
小国喜弘（2019）「障害児教育における包摂と排除―共生教育運動を分析するために」小国喜弘編『障害児の共生教育運動―養護学校義務化反対をめぐる教育思想』東京大学出版会.
加藤薗子（2005）「仲村・岸論争」真田是編『戦後社会福祉論争（オンデマンド復刻版）』法律文化社.
鴨下慶雄（1997）「障害者運動・教職員組合運動と全障研」全国障害者問題研究会編『全障研三十年史―障害者の権利を守り、発達を保障するために』全国障害者問題研究会出版部.
酒井美和（2023）『国立結核療養所―その誕生から一九七〇年代まで』生活書院.
定藤邦子（2011）『関西障害者運動の現代史―大阪青い芝の会を中心に』生活書院.
杉本章（2008）『障害者はどう生きてきたか―戦前・戦後障害者運動史［増補改訂版］』現代書館.
全国障害者問題研究会（1997）『全障研三十年史―障害者の権利を守り、発達を保障するために』全国障害者問題研究会出版部.
全国障害者問題研究会（2007）『全障研40年―この10年の歩みと研究運動の展開』全国障害者問題研究会出版部.
全国障害者問題研究会（2018）『全障研50年史―発達保障の半世紀』全国障害者問題研究会出版部.
副田義也（2008）『福祉社会学宣言』岩波書店.
副田義也（2014）『生活保護制度の社会史【増補版】』東京大学出版会.
髙木博史（2003）「戦後日本の障害者運動―発達保障概念と政党イデオロギーを巡る対立を超え

て」『立正社会福祉研究』5(1).
立岩真也（2012）「はやく・ゆっくり―自立生活運動の生成と展開」安積純子・岡原正幸・尾中文哉・立岩真也『生の技法（第3版）』生活書院.
田中耕一郎（2005）『障害者運動と価値形成―日英の比較から』現代書館.
田中秀和（2020）「生活保護ケースワーカーの現代史―全国公的扶助研究会とメディアに登場するフィクション作品との関係に着目して」『立正大学社会福祉研究所年報』22.
田中秀和（2022）「社会福祉学は『青い芝の会』といかに対峙してきたのか―その学問的性格に着目して」『立正社会福祉研究』38.
戸田典樹（2021）『公的扶助と自立論―最低生活保障に取り組む現場実践から』明石書店.
中村尚子（2007）「実践・運動と研究の統一をめざして」全国障害者問題研究会編『全障研40年―この10年の歩みと研究運動の展開』全国障害者問題研究会出版部.
宮武正明（2017）『シリーズ　福祉に生きる　70白沢久一』大空社出版.
横田弘（2015）『障害者殺しの思想【増補新装版】』現代書館.
横塚晃一（2010）『母よ！殺すな（第2版）』生活書院.
渡邊真之（2016）「養護学校義務化反対運動にみる教育の当事者性の困難―『青い芝の会』神奈川県連合会に着目して」『東京大学大学院教育学研究科紀要』56.

第2章　当事者不在に直面した公的扶助研究運動

―福祉川柳事件の分析

　前章において、社会福祉研究運動としての公的扶助研究全国連絡会（以下、公扶研連）の特徴をみたとき、そこには生活保護ソーシャルワーカーと当事者との距離が遠いことが課題として挙げられた。研究運動のなかに当事者がいないことを弱点としながらその歩みを進めてきた公扶研連は、その弱点を改善することなく時を経た。

　本章では、公的扶助研究運動史において、生活保護ソーシャルワーカーと当事者である生活保護利用者の間に最も亀裂が入った福祉川柳事件を取り上げる。福祉川柳事件は、生活保護利用者という当事者不在の研究運動の弱みをさらけ出すこととなった事件である。

１．福祉川柳事件とはなにか

（１）福祉川柳事件の発生と経過

　福祉川柳事件の源流を遡ると、1992（平成４）年に東京都のＡ区福祉事務所に勤務する生活保護ソーシャルワーカーらが開催した忘年会にたどり着く。そこでは、「文学ノート・第一回川柳大賞」との名称で、生活保護ソーシャルワーカーらが日々業務のなかで感じている不満や怒り、哀しみなどを川柳で発表しあい、出来栄えのよい作品に対して投票を行い、順位づけを行うコンクールが行われた（副田2008:1-74）。ここで生活保護ソーシャルワーカーらが川柳という方法を実行した下敷きには、当時、新聞等マスコミで話題になっていたサラ

リーマン川柳の影響があったものと筆者は考える。
　「文学ノート・第一回川柳大賞」では、大賞の前書きとして、以下のような記載がある。

　　　怒り、哀しみ、嘲い、驚き、冷や汗かいて、呆れ返った数々のエピソードを胸に秘めながらも、職場の外では話題に出来ない因果な商売。これら門外不出の思いは、あなたの脳みその片隅で密かに増殖しつつ、狂気となって表に出る日を待っている。
　　　積もり積もれば、胃に穴があくほどの毒気を持ったそのエキスを、五七五の川柳に託して表沙汰にし、成仏させてやろうではあ〜りませんか。
　　　＊注意事項　関係者以外には副作用が強いため、特に管理職、マスコミ関係者等の目に触れぬよう御注意下さい。（副田2008：3）

　投票の結果、「訪問日　ケース元気で　留守がいい」が得票数18票で１位を獲得した。ここでは、計89句が川柳として作品化されたが、得票数０であった14句を除く75句が記録として残された。得票数が多かった川柳は以下の通りである。

　　　２位　15票「金がない　それがどうした　ここくんな」
　　　３位　13票「やなケース　居ると知りつつ　連絡票」
　　　４位　12票「きこえるよ　そんなにそばに　こなくても」
　　　５位　11票「記録書き　つじつま合わせに　四苦八苦」

　上記の通り、福祉川柳事件は、東京都内にある特定の福祉事務所にその発端がある。これがいかにしてマスコミに大きく取り上げられ、社会問題化する「事件」に発展したのであろうか。
　事件当時、『公的扶助研究』を発行していた公扶研連では、編集委員会が機能しないなかで、機関誌編集責任者が実質ひとりで企画、編集作業等を行っていた。

編集責任者は、当時の編集事情について、第8回対策会議（1993年7月4日）で以下の4点を述べている。

①17年間にわたる機関誌編集で無理に無理を重ね、刊行後の見直しを行う余裕がなかった。②福祉川柳は新人向けを狙ったもので、新人の困った気持ちがでていて現場の厳しい仕事の裏面を伝えているので良いと思った。しかし、個人作業の判断ミスで失敗であったということに尽きる。③機関誌は独立採算であり、預金通帳残高を安定させるために、読者の拡大を新人にものばそうと考えていたが、正面からやるべきだった。④人権意識が低いという批判を受けているが、厳しい現場状況を重視したつもりだったが、当事者のことを研究運動の中軸に据える点で欠けるところがあった（大友2004：72）。

福祉川柳を掲載した『公的扶助研究』第154号は、障害者団体の代表を務めていた人物の知るところとなり、その怒りを買った。それは、機関誌を発行した公扶研連に直接向けられるのではなく、「福祉行政の差別と偏見」に抗議し、社会的アピールを行ったうえでその行動を正すことを優先させることとなった（大友2004：12）。

1993（平成5）年6月14日に行われた、障害者団体による厚生省記者クラブでのプレス発表の後、報道機関は迅速に翌日以降の新聞等において、福祉川柳とそれを詠んだ生活保護ソーシャルワーカー、機関誌を発行している公扶研連を非難する記事を掲載した（朝日新聞1993年6月15日）、（毎日新聞1993年6月15日）、（読売新聞1993年6月15日）。公扶研連は事件の対応に追われ、障害者団体・社会運動団体等への謝罪、『公的扶助研究』第154号の回収と差し替え等を行った。さらに、公扶研連の活動は休止に追い込まれ、活動の再開は、1995（平成7）年の再建総会まで待たなければならなかった。

福祉川柳事件は、生活保護ソーシャルワーカーや福祉事務所に対する世間からの非難を呼び起こし、上記のように大きな騒動に発展した。この事件では、

事件に因縁をつけ、街頭宣伝活動や福祉団体の弁護士に暴力を加えたとして、逮捕者も発生している（毎日新聞1994年6月8日）。

　ここで登場している福祉川柳は、もちろん称賛されるものではないし、これに関わった者や、生活保護に関する事務を司っている福祉事務所に対して、批判が寄せられることはもっともなことであった。しかし、福祉川柳事件は、熱意ある生活保護ソーシャルワーカーらの研究運動団体が起こしたものである。熱意ある生活保護ソーシャルワーカーたちの団体がなぜこのような事件を起こしたのか。その背景を探ることは、今後の生活保護行政や生活保護のあり方を考えるうえでも重要なことである。

（2）福祉川柳事件をめぐる社会からの評価 ―識者ならびに新聞記事からの見解

　福祉川柳事件は上記のような経過をたどった。では、当該事件に対して社会はどのような評価を与えたのであろうか。ここでは、福祉川柳事件をめぐる識者らの見解ならびに、当時の新聞記事を読み解くことによって、それをみていく。

　福祉川柳事件に関する詳細な先行研究は、大友信勝によって1冊の書籍『福祉川柳の検証』にまとめられている（大友2004）。この事件は、発生から一定の時間が経過し、今日においてはすでに決着したとの見方も可能である。しかし、大友は、「社会的事件は組織論の立場からみれば決着したことであっても研究上はなお検証すべき課題が残されている」としている（大友2006:42-48）。また大友は、「福祉川柳の企画のそもそもの発想は、愚痴を理解し合い、乗り越えていこうというところからの出発であり、逆に荒廃しているという受け止め方を社会的にされようとは考えてもいなかった」と、当時の関係者の考えを代弁している（大友2004:111）。

　一方、荘田智彦は、福祉川柳全句に目を通し、現場の生の声をそのまま誌面に反映させたいと思った編集責任者（荘田の表現では編集長）にとっては事件の経過は、「驚天動地、全く予期しない展開となっていったのだと思う」としている（荘田1995:24-36）。副田義也は福祉川柳事件の分析のなかで、福祉川柳

は、日々の業務におけるストレスに苦しむケースワーカーの支援、救済を目的として明確に意識して仲間集団のなかでつくられたものであるとしている（副田2008:65）。久田恵は、福祉川柳事件と公扶研連について、「この事件は、もっとも良心的で、仕事に熱意をもって取り組んでいるケースワーカーが結集しているとされるグループが、起こした差別問題」であり、それが「プライドをもって仕事をしている現場のワーカーたちの痛手を、いっそう大きいものにした」としている（久田・大澤・大友1994:9-10）。三矢陽子は、自身の生活保護ケースワーク実践報告のなかで、福祉川柳事件について触れ、「うっせきした思いをあのような川柳に託すところにまで歪んだ精神状態に追い込まれている現場ケースワーカーの状況にこそ、どうか注目していただきたい」としている（三矢1996:119）。

　西野勝久は、福祉川柳事件について、「ひとり川柳の作者や公扶研連の自己批判のみ問題を矮小化させてはならないのです。ワーカーの専門職化はもちろん、教育的スーパービジョンさえ満足に実施していない状況を放置したまま、生活保護という福祉の原点を委ねてきた日本の社会福祉の総体、その本質こそが相対的に問われなければならない」と述べている（西野1994:201）。

　また、当該事件を扱った当時の新聞記事のなかには、「（事件は）責められても仕方がない。でも、国の生活保護行政にも目を向けよう。福祉事務所で担当者がどのように扱われているかも知ってほしい。川柳を作った職員たちの感覚よりも、彼らを追い詰めているものにこそ、問題の本質が隠れている」との記述がある（毎日新聞1993年7月7日）。さらに、実際に生活保護行政の現場で働いている職員からの、「福祉と聞けば、美しいものと連想されるが、生活保護の場合、精神的にも体力的にも担当者にかかる負担は相当なものがある。時には酒を飲んだ人などから脅迫まがいなことを言われたり、暴力を振るわれそうなこともあり」、「言葉が問題なのではなくて、福祉職場の現状や制度の在り方から問題をとらえ直してほしい」との問題提起がなされている（朝日新聞1993年6月26日）。

　以上、福祉川柳事件に対する各論者ならびに新聞記事の評価をみたとき、そ

こから導き出されるものはなにか。それは、福祉川柳事件をめぐる背景に目を向けることの重要性である。ここで取り上げた当該事件に対する評価は、福祉川柳事件は確かに批判される性質のものであるし、それは全うなことであるのだが、事件に対する評価をその視点のみで捉えてしまうことの危険性を明らかにしている。よって、次節においては当時の生活保護ソーシャルワーカーが置かれた状況を理解するため、福祉川柳事件発生当時の生活保護政策の状況について述べていく。

（3）福祉川柳事件の背景 ―発生当時の生活保護政策の状況

上記のように福祉川柳事件は、当事者不在の側面をもつ公的扶助研究運動の弱点が露呈したものであった。しかし、いくら当事者が不在であったとしても、福祉川柳事件のような社会問題が発生するまでには多様な要因が複雑に交差している。福祉川柳事件を、川柳を詠んだ生活保護ソーシャルワーカー個人の責任として処理することは容易ではあるものの、そのような解決法を取れば、問題の根本的原因を追及することにはならない。そのため、ここでは福祉川柳事件が発生した要因のひとつとして、当時の生活保護をめぐる政策環境について述べていくこととする。

福祉川柳事件当時、国は財政再建が求められるなかで、社会では少子高齢化が進展した。1970年代に政府により提唱された、家族を「福祉の含み資産」とする日本型福祉社会論は、そのあり方を再検討せざるを得ない時期に差し掛かっていた。このような背景のなかで、生活保護制度も、そうした影響を受けざるを得ない状況となっていたのである。政府は1980年代から、福祉の普遍化を進める一方で、「増税なき財政再建」を進めるべく第二次臨時行政調査会を設置し、社会保障の対象を「真に救済を必要とする者」に絞り込むとする選別主義的アプローチを打ち出した（宮本2017:20）。

こうした時流に則った政策で、福祉川柳事件にも大きな影響を与えたと考えられるものに、通称「123号通知」の存在がある。これは、1981（昭和56）年11月17日に出された、社保第123号厚生省社会局保護課長・監査指導課長通知「生

活保護の適正実施の推進について」を正式名称とするものである。生活保護制度は、「123号通知」以前にも、これまで述べてきた通り、第一次「適正化」（1954〜1956年）ならびに、第二次「適正化」（1964〜1966年）政策を経てきており、この通知は、生活保護行政を再び、「適正化」へと推し進める原動力となった。

「123号通知」が発表された直接的な契機のひとつは、1980（昭和55）年に和歌山県御坊市で発生した、暴力団員が生活保護費でナイフを購入し、銃刀法違反で逮捕された事件である。これによりメディアは、生活保護不正受給問題に関する報道を行った。これらが、翌年の「123号通知」に結び付くことになる（稲葉2013:50）。

「123号通知」は、次のような特徴を有し、その後の生活保護第三次「適正化」政策を推し進める根拠となったのである。

  1. 生活保護申請時に、申請に係る世帯の資産・収入について詳細な申告書の提出を求め、かつ、記載内容が事実に相違ない旨記入し署名押印してもらうこと。
  2. 福祉事務所において保護の適用に関し必要な資産・収入のため、預金、稼働収入等について、銀行、信託会社、社会保険事務所等、関係先への照会について、申請者から同意書を提出してもらうこと。

（岩永2011:219）

このような特徴をもつ「123号通知」は、生活保護不正受給の抑制を目標としたものとして解釈することが可能である。副田は、この時期における生活保護の不正受給対策について、「(19)80年から(19)83年にかけての不正受給対策は、それに続く低保護率期の生活保護行政、さらには現在までの時間域の生活保護行政のありかたにとって予兆の意味をもっていたのではないか」（副田2014:279）（括弧内は筆者による加筆）と述べ、「123号通知」を含む当時の生活保護政策が、今日までその影響力を有していることを明らかにしている。

「123号通知」は、当時の生活保護ソーシャルワーカーにも大きな影響を与えた。大友は、厚生省監査指導課が発表した1985（昭和60）年度の生活保護不正受給等に関する発表を用いて、当時の政策に批判を行っている。ここで取り上げた厚生省監査指導課による発表では、不正受給の発生率は実人員で0.06％、世帯数では0.1％である。これに対し、大友は以下のように述べている。

　　監査指導課があらゆる監査指導を行い、全国の都道府県・政令市、そして福祉事務所を指導し、総力をあげて発見した不正受給件数の実数は以上の数字であり、得たものと「適正化」でおびやかされる手続き的権利や後退する現場職員の専門性を考慮するとき、失うものの大きさは検討の対象に全く入らないということが許されるべきことであろうか（大友2000:266）。

　上記の指摘は、第１章でも述べてきたように、当時の生活保護行政が、「漏給」の防止よりも、「濫給」を阻止することに焦点を当てていたことに起因して行われていることを示している。当時は、生活保護の抑制こそが、生活保護「適正化」政策として推進されていた（黒川2018:60）。
　「123号通知」は、生活保護ソーシャルワーカーに、不正受給の防止や、生活保護費の抑制を現場で働くワーカーに常時意識させることに繋がったといえよう。大友は、上記で述べた厚生省からの監査について、「監査が社会福祉専門職に当事者管理の先入観と偏見を持ち込み、専門性の変質と後退を促し、当事者に寄り添った実践を困難にする障壁をつくった」と述べている（大友2014:31）。
　「123号通知」が出された1980年代の社会福祉は、「社会福祉士及び介護福祉士法」の成立（1987年）や「高齢者保健福祉推進10ヵ年戦略」（1989年）などにより、社会福祉における普遍主義が探究された一方で、「同じ行政機関によって、救貧的な選別主義が強化され、福祉サービスのダブルスタンダードがつくられ」たのである（大友2005:19）。生活保護の対象者は、「理解できぬ他者」かつ「社会の最底辺の人びと」であり、彼らが不正受給やモラルハザードを起こさぬよう生活保護を「適正実施」する方向に当時の政策は導かれたといえる（金子

2012:68-74)。「123号通知」が出された1980年代の生活保護制度は、「劣化の一途」をたどり、生活保護を「申請段階で事前に拒否するいわゆる『水際作戦』の手法が定着した」といわれている（仁平2014:288）。

　当時の社会状況と「123号通知」の連関について、副田義也は、「1980年代初頭は、福祉見直しが政策化し、行財政改革がはじまり、革新自治体、労働組合などの対抗勢力が衰退してゆく時代状況である。そこで出された123号通知は、その本来もつ意図をこえて、水際作戦の強化や辞退届の乱用を加速させたと思われる」と述べている（副田義也2013:40-41）。「生活保護の『適正化』は、生活保護制度を憲法に基づく権利の体系から、前近代的・惰民論の体系へ全面的復活をもたらそうとするものであった」とする藤城恒昭の指摘もある（藤城2012:5）。一方、寺久保光良は、生活保護「適正化」政策を推進する当時の厚生省に対して、「不正受給」には並々ならぬ熱を入れながら、本来行うべきである生活保護を必要としている人々に対する制度を知らせる努力には熱心ではないとしている（寺久保1988:218）。

　また、「123号通知」は、生活保護ソーシャルワーカーの役割を、生活保護利用者に対して丁寧にソーシャルワークを行う者から、生活保護利用者に対して事務的に保護の要否を決定する者へと、その重点の変更を迫るものであった。高間満は、「123号通知」とケースワークの関係について、「惰民養成排除そのもののための生活保護制度となり、ケースワークは不正受給防止のための資産調査の手段と化した」との評価を与えている（高間2016:43）。「123号通知」を含む、一連の生活保護「適正化」政策は、生活保護「ケースワーカーを中心とした福祉事務所の労働者に対する攻撃と管理化」をもたらした（戸田1982:45）。大友は、生活保護「適正化」期における生活保護ソーシャルワーカー（社会福祉主事）と福祉事務所の特徴について、「適正化」期は「社会福祉主事の仕事を資産、収入のチェックとその調査に偏重させ、生活問題を全体的にみる視点を歪めさせる」こと、ならびに、「被保護層の手続的権利を形骸化させながら、福祉事務所内部の管理機能が強化される過程であること」を挙げている（大友1984:54）。

池谷秀登は、今日では「水際作戦」と呼ばれる違法な生活保護申請抑制を、生活保護「適正化」政策が推進されていた1980年代には厚生省が先頭にたって、全国の福祉事務所において実施するよう推進していたことを報告している。また、池谷は、「適正化の推進による福祉事務所への影響は大きく、それまでの『建前』としてはあったケースワーカーと被保護者との信頼関係を前提とした生活保護行政は否定され、要保護者を保護から排除することが福祉事務所の業務であるとの認識も生じている」との指摘も行っている（池谷2017：41-49）。真田是は、福祉川柳事件における生活保護ソーシャルワーカー（真田の表現では福祉労働者）について、生活保護「適正化」政策の「被害者」であったとの認識を示している（真田2012：260）。

　一方、「123号通知」と福祉事務所の関係について、「あくまで『暴力団などの不正受給を防止』のためというものの、現実には、受給者や申請に訪れる生活困窮者に対して、結果として、保護を打ち切ったり、受けにくくさせるような状況を、福祉事務所に強要することになった」との水島宏明の指摘は、的を得たものである（水島2014：211）。さらに、山本茂夫は、生活保護ソーシャルワーカーの変化について、「少なくとも私どもがケースワーカーをやっていたころは、厚生省の実施要領とか保護課長通知をそのまま適用したのでは、地域の住民の最低生活が守れない。何とか抵抗しようというのだけはあったつもりです。ところが、国から言われたことをそのままやっていることが正しいので、それに合わない住民、生活保護世帯を敵視するような思想になってしまっている」と述べている（山本1994：31）。

　「123号通知」からしばらくして、「その時々に対処しなければならない社会問題を厚生（労働）省当局がいかにとらえていたかを知る絶好の書である」（多田2018：ⅱ）とされる厚生白書の1985（昭和60）年版では、「白書ではじめて生活保護の不正問題に言及し、『適正な制度運営の実施』という小見出しを新設した」（朱2018：172）。厚生白書の一連の生活保護「適正化」政策への支持は、その後も継続される。1986（昭和61）年の白書で、「保護の申請時等における助言・指導の徹底」と「就労指導等による自立助長の推進」と記されたものを、

1987（昭和62）年における同書においては、生活保護廃止処分と組織的な取り組みの強化を挙げ、1988（昭和63）年の白書では、生活保護受給要件の確認として「扶養関係の調査」を追加した（朱2018:172-173）。

その頃、福岡県では、奥田八二知事在任期間（1983〜1995年）において、「123号通知」の受け入れをひとつの要因として、生活保護費の割合が1984（昭和59）年の7.03％をピークに顕著に減少に転じ、1990（平成2）年以降は3％台にまで減少したことが報告されている（篠原・山田2018:3-14）。

これら一連の取り組みによって、生活保護の利用者数は、1984（昭和59）年の1,469,457人をピークとして、1995（平成7）年には、882,229人まで減少することとなった。このことは、「123号通知」が長期にわたり生活保護行政に影響を及ぼしていたことを示しているといえよう。

これまでの記述により、福祉川柳事件の背景には、「123号通知」を中心とする生活保護「適正化」政策の影響があることが明らかになった。山本敏貢は、福祉川柳で詠まれた職場の実態や人間に対する感性について、「今日の福祉攻撃の中で作り出されている『歪み』」との認識を示している（山本1993:44-47）。一方、松岡是伸は、「福祉川柳事件は、生活保護行政の『濫給防止』的制度運用の結果である」と指摘している（松岡2007:81）。これらの記述は、福祉川柳事件が、「123号通知」の影響を受けた証であるといえよう。福祉川柳事件を取り上げた当時の新聞記事のなかにも、「暴力団の不正受給を防ぐために、あるいは公費負担を軽減するために『福祉切り捨て』が現場で横行していないか。中央と地方の方針が現場にのしかかり、申請者や受給者をただ疑惑の目でみる風潮が、こんな川柳につながったのではないか」と、事件の背景に当時の福祉政策の影響を指摘するものがある（毎日新聞1993年6月16日）。

ここまでの論述によって、福祉川柳事件は、川柳を詠んだ個々の生活保護ソーシャルワーカーの責任を追及するだけで解決に至る問題ではなく、その背景にある生活保護ソーシャルワーカーが置かれている政策動向を追求していく必要性のあることが明らかになった。

以上のように、福祉川柳事件は、生活保護に携わるソーシャルワーカーを起

点として、社会問題化された。そこには、生活保護行政や生活保護ソーシャルワーカーが置かれていた、当時の厳しい政策環境があったといえる。髙田哲は、「123号通知」を発端とする生活保護「適正化」政策は、それ以前の「適正化」政策に比べ、その内容・期間ともに異常なものとなっているとしているとし、「123号通知」の影響が今日まで続いているとの見解を示している（髙田2008:47）。この指摘は、これまでの論考を強化するものであるといえよう。

２．福祉川柳事件に対する公扶研連の対応
　　―事件の反省から研究運動再建へ至る道のり

（１）事件発生直後における公扶研連の対応 ―謝罪の経過

　福祉川柳事件後、公扶研連では事件の発生源となった『公的扶助研究』（第154号）1993（平成5）年3、4月号の回収を急ぎ、事件の原因となった川柳等を除く形で差し替え号を同年9月4日に発行している。
　差し替え号では、【記事の削除と抗議文の掲載について】が新たに掲載され、以下のように説明されている。

>　1993年4月30日付け発行「公的扶助研究No.154号」の34・35ページ掲載の『◎休憩室「文学ノート・第一回川柳大賞」福祉事務所名知らず』の記事掲載は重大な誤りであり、これを全面的に削除します。
>　次に、「文学ノート・第1回川柳大賞」掲載に対する、障害者の生活保障を要求する連絡会をはじめとする20団体からの抗議文前文（ママ）と公的扶助研究全国連絡会の回答文を掲載します。
>　　　　　　　　　　　　　　　（公的扶助研究全国連絡会1993:34）

　上記の抗議文とは、1993（平成5）年6月11日付で発出されたDPI（障害者インターナショナル）日本会議等20団体から公扶研連ならびに、第20回公的扶

助研究関東ブロックセミナー実行委員会宛てに送られたものである。ここに第20回公的扶助研究関東ブロックセミナー実行委員会が記載されているのは、福祉川柳が掲載された『公的扶助研究』第154号に偶然「第20回公的扶助研究関東ブロックセミナー」の報告が掲載されており、抗議団体はその実行委員会も福祉川柳の作成に関わっているものと判断を下したためである。

抗議文は、福祉川柳を掲載した公扶研連に対し、強い怒りを表明し、以下の点について善処を求めた。

　　１．この企画は、単に生活保護受給者の差別にとどまらず、障害者など社会福祉を必要とする社会的に弱い立場に立たされている人々全体に対する偏見と差別を助長し、かつ、福祉行政に携わる職員の姿勢に対し不信を増幅させるものである、ということを認め速やかに謝罪すること。
　　２．上記の認識に立ち、謝罪記事を隔月刊「公的扶助研究」の次号に掲載すること。なお、掲載記事の内容については私たちと討議をしたうえ行うこと。
　　３．隔月刊「公的扶助研究（No.154・1993・3・4号）」の回収を早急におこなうこと。
　　４．生活保護を必要とするような社会的に弱い立場に立たされている人たちの苦しみ、悩みを共に分かちあいながら、人権の確立、生活の向上を目指して福祉事務所のケースワーカーが日常の仕事に携わるよう貴「公的扶助研究全国連絡会」として、機関誌・会合をとおして、啓発活動を今後さらに強めること。
　　５．以上の１〜４までの事項について６月30日（水）必着で、文書で以下のところまでに、誠実に答えること。
　　　以下略。

　　　　　　　　　　　　　　　　　　　　　（公的扶助研究全国連絡会1993:35）

これに続き、『公的扶助研究』第154号（差し替え）では、1993（平成５）年

6月24日付で発出された20の抗議団体に対する回答「隔月刊『公的扶助研究(No.154、1993、3・4号)』文学ノート・第一回川柳大賞に対する抗議文への謝罪について(案)」を掲載している。回答では、抗議に対する謝罪と反省を述べた後、以下のように記している。

　今回の企画が、社会的に弱い立場にある人々に対しその人格を深く傷つけ、また偏見と差別の助長につながる内容を有していたこと、生活保護受給者の方々と福祉事務所現業員との信頼関係をくずし不信を増幅する内容であったこと、また、生活保護受給者をはじめ生活困難を抱えた方々への援助に誠実に取り組んでいる福祉事務所現業員に対してもその誠意を裏切ることになった点を率直にみとめ、つぎのことを実行します。

　１．貴団体からの抗議文とあわせて、本謝罪文を機関誌「公的扶助研究」に掲載するものとする。
　２．「公的扶助研究」No.154号については、関係記事を削除したものを新たに印刷発送し、旧版については早急に回収につとめる。
　３．今後においては人権を守る立場を一層明確にし、福祉事務所現業員の意識啓発と民主的な職場づくり、民主的な行政をめざして一層努力することにつとめる。
　４．直接の責任者である編集責任者は６月30日をもって解任し、機関責任者である事務局長は、今回の問題について一定の整理を行った段階で、引責辞任する。
　５．当会の今後のあり方を組織的に検討する場(仮称・「あり方検討委員会」)を設け、関係者・団体等からの意見をふまえながら機関運営を含めて検討していくものである。

（公的扶助研究全国連絡会1993:37）

　上記の４に記載のある事務局長は、同年７月末日をもって辞任した（大友

2004:211)。公扶研連の活動は窮地に追いやられたが、同年9月25〜26日に全国活動者会議を開催（静岡県熱海市・参加者45名）し、「公扶研連としての総括並びに購読者に対する事業や社会的な対応は継続していく必要から、当面それまでの事務局長のもとに構成してきた『対策会議』を以って対外的な対応を図っていくこととした」（大友2004:211）。

また、上記の5にあるように、公扶研連は、今後のあり方を組織的に検討する場（あり方検討委員会）を設けることとなった。あり方検討委員会は、1993（平成5）年11月26日から、17回にわたって開催された（大友2004:221-222）。同検討会の委員は、東京・近県の研究団体・個人及び研究者から9人、ブロックから信越、中部、関西、中国、北海道、東北各1名で発足した（大友2004:221）。

対策会議とあり方検討委員会における役割分担は、事件の謝罪や問題解決、再建までの実務については対策会議が、事件の総括と会の再建についてはあり方検討委員会（あり検）で行うこととなった（大友2004:142-143）。

（2）『公的扶助研究』特集号の発行

公扶研連は、機関誌『公的扶助研究』において、上記の経過を踏まえ、1994（平成6）年1月に特集号を発行している。同号の編集・発行作業は、「東京・埼玉・千葉から10人の編集委員を中心に5回に渡り、集団的検討と作業」によって行われた（公的扶助研究全国連絡会1994a:70）。

その巻頭には、「特集号発行にあたって」が掲載された。そこには、1.No.154号回収への協力のお礼、2.公扶研の原点にたって、3.特集号を通じて広く意見を求めこれから学び総括を深めることへのご協力を、以上が掲載されている（公的扶助研究全国連絡会1994a:2）。公扶研連は、福祉川柳事件を「心からの反省」に留めることなく、「読者のみなさんをはじめ関係者のご意見をいただき、併せて抗議や批判から学び、総括を深め、前進の方向を明らかにしていくため、本特集号を発行することにし」たのである（公的扶助研究全国連絡会1994a:2）。

公扶研連は上記の特集号を発行した後、1994（平成6）年4月に特集2号を発行した。この編集作業は、寄せられた原稿を読み合わせ、意見を出し合いな

がら5回にわたる編集会議を経て、幅広い意見を反映させることを主眼にして行われた（公的扶助研究全国連絡会1994b:35）。

公扶研連は、続けて1994（平成6）年9月に『公的扶助研究』特集3号を発行している（公的扶助研究全国連絡会1994c）。特集3号の特徴は、「あり方検討委員会の検討経過」が掲載され、その際に提出された論文をもとに執筆された小野哲郎による論文が掲載されていることである。

「あり方検討委員会の経過報告」で共有された問題点は、以下の通りであった。

　　1．本来、生存権・人権を守り、民主的行政をどのように進めていくかという立場に立って、様々な困難や障害を抱えながら自立に向けて頑張っている生活保護を利用している方などの人間回復への援助をする仕事に携わっているケースワーカーで組織する団体が、逆に人々を傷つけ、その事に気づかないという重大な誤りを犯したことについて、組織そのもののなかに生存権保障について弱点がなかったか。
　　2．自主的研究運動の原点とその後の活動を通して培ってきたものに対して、理念と組織体制を含めて、総括を一層深め、これからの活動を構築していくことが緊急の課題である。

（公的扶助研究全国連絡会1994c:30）

上記のような認識をもったあり方検討委員会からの経過報告を受け、対策会議の主導のもと『公的扶助研究』は特集4号を発行することとなる。ここでは、会の再建に向けての総まとめとして、上記、あり方検討委員会による「公扶研活動のあり方について（提言）—公的扶助研究全国連絡会の再建をめざして」が巻頭に掲載されている（公的扶助研究全国連絡会1995:1-9）。

また、「『福祉川柳』問題の総括と公的扶助研究全国連絡会再建の基調（素案）」（公的扶助研究全国連絡会1995:9-15）ならびに、「第2回全国活動者会議について」（1994（平成6）年12月17〜18日・京都）（公的扶助研究全国連絡会

1995:17-19) が続けて掲載されており、ここで福祉川柳事件に区切りをつけて、新しい組織を出発させようという、あり方検討委員会ならびに対策会議の意向が透けてみえる。

　あり方検討委員会における提言は、福祉川柳事件の背景として、生活保護の適正化政策と仕事のマニュアル化による権利性の矮小化、「一億総中流化」とケースワーカーの意識の変化、自治体の福祉労働の専門性軽視と公扶研連の役割の視点から検討を行い、総括と提言に繋げている。

　あり方検討委員会は、これからの活動における基本的視点として以下の6点を挙げた。

　　1．人権の擁護と生存権保障の確立
　　2．自覚的・自主的研究と専門性の強化
　　3．公務員倫理と職業倫理の向上
　　4．調査研究に基づく提言
　　5．関係団体との交流と連帯の推進
　　6．個人会員制を基礎とした会の民主的な組織運営の発展
　　　　　　　　　　　　　　　（公的扶助研究全国連絡会1995:4-5）

　上記の視点を踏まえ、第2回全国活動者会議では、今後の活動方針が議論され以下の点が確認された。

　　1．個人会員制を基礎とした会の組織的再建
　　2．調査研究の充実
　　3．職場・地域での研究活動の活性化
　　4．機関誌の充実と組織的発行
　　5．全国セミナーの再開
　　6．関係団体との交流
　　　　　　　　　　　　　　　（公的扶助研究全国連絡会1995:18）

（3）再建総会の開催

　公扶研連は、これまで述べてきた経緯を経て、1995（平成7）年3月11～12日に千葉市の海外職業訓練協力センターを舞台として、再建総会を開催した。

　再建記念シンポジウムは、「『社会福祉実践と人権』―公扶研再建の視点にたって」と題され、司会進行を藤城恒昭（再建準備会・特集号編集委員会代表）、今村雅夫（再建準備会・京都福祉労働研究会）が担当した。シンポジストは、三澤了（障害者の生活保障を要求する会代表）、尾藤廣喜（弁護士）、松崎喜良（大阪市ケースワーカー）、杉村宏（北海道大学教授）であった（全国公的扶助研究会1995a:2-17）。

　公扶研連から再建された全国公的扶助研究会（以下、公扶研）は、再建途上の重点課題として以下の6点を挙げた。

　　1．個人会員制を基礎とした会の組織的再建
　　2．調査研究の充実
　　3．職場・地域での研究活動の活性化
　　4．機関誌「公的扶助研究」の充実と組織的発行
　　5．全国セミナーの再開
　　6．関係諸団体の交流と連携

（全国公的扶助研究会1995b:6-7）

　また、活動の組織的展開として、以下の4点を挙げている。

　　1．総会の開催
　　2．運営委員会の開催
　　3．常任運営委員会の開催
　　4．各委員会の設置と会員参加による活動の推進

（全国公的扶助研究会1995b:6-7）

第2章　当事者不在に直面した公的扶助研究運動

表2－1　福祉川柳事件発生後における機関誌『公的扶助研究』の各号一覧（『公的扶助研究』再刊まで）

通巻番号	年月号	発行年月日	頁数	主な特集・資料・調査・公扶研情報等	特記事項
特集号	1994.1	1994.1.15	70	総特集・公的扶助研究活動の再検討、第1回誌上討論（杉村宏、笛木俊一、松崎喜良）特集2「福祉川柳」問題を深めるために―関係資料―	
特集2号	1994.4	1994.4.25	35	総特集・公的扶助研究活動の再検討2、特集1公的扶助研究運動の継承発展をめざすシンポジウムの記録「今、基本的人権と福祉従事者の人間観を考える」（湯浅、谷口、堀内、奥村、浦田、浜岡）、誌上討論2（藤城恒昭、横山立夫、上山均、他）	
特集3号	1994.9	1994.9.1	63	特集・公的扶助研究活動の再検討3、誌上討論その3（アルコール公扶研・定例会について、清水浩一、小野哲郎）、公扶研あり方検討委員会の検討報告、公的扶助研究運動の継承・発展をめざすシンポジウムの記録2（柳川、吉田、笛木、林、下村、尾藤他）	久田恵『貧困ニッポン最前線』の発行（1994.7）
特集4号	1995.1	1995.1.28	45	特集・公的扶助研究活動の再検討4、「福祉川柳」問題総括・中間のまとめ「公扶研活動のあり方について提言）―公的扶助研究全国連絡会の再建をめざして―」（公扶研あり方検討委員会）、「福祉川柳問題の総括と公的扶助研究全国連絡会再建の基調（素案）	
通巻159（再刊1号）	1995.5	1995.5.30	73＋入会のしおり	「公的扶助研究」の再刊にあたって、公扶研再建総会・シンポジウムから（三澤了、尾藤廣喜・松崎喜良、杉村宏・藤城恒昭・今村雅夫）、公扶研再建の基調（素案）によせて（鈴木政夫）、阪神・淡路大震災と社会福祉、第27回全国公扶研セミナーシンポジウム	公扶研再建総会・「全国公的扶助研究会」と名称変更、「季刊」発行

大友（2000:431-432）

　なお、公扶研の設立にあたり、会長には岡田征司（富士見市福祉事務所）、副会長には小野哲郎（明治学院大学）、杉村宏（北海道大学）、中川健太郎（花園大学）、藤城恒昭（八千代市役所）、池田英夫（文京区役所）が就任した。また、事務局長には日比野正興（船橋市役所）が、運営委員には津田光輝（札幌学院大学）ほか34名が、会計検査には、高木博光（千葉福祉専門学校）、戸田隆一（板橋区役所）が就いた。このような経過を経て、公扶研は設立され、今日に至

るまでの道のりをスタートさせることになったのである。

　75ページに、表2－1に当該期間における公扶研連ならびに公扶研の機関誌『公的扶助研究』の各号一覧を表として掲載する。

（4）識者からの意見と評価

　福祉川柳事件の発生から、これまでの経緯を経て上記の基本的視点や今後の活動方針が挙げられた。これに対し、福祉川柳事件を詳細に分析研究した大友からは、事件の究明は十分ではないとして、以下のように問題提起がなされている。（括弧内は筆者による。）

　　私の問題提起はその（福祉川柳事件）事実関係を早く公表すべきだったと言っているのではなく、福祉川柳が何を目的に、本来どういうものとして詠まれたのか、そこに迫る必要があったと言っているのである。福祉川柳の詠み人たちは、人格を荒廃させた差別者たちではない。A福祉事務所（事件のもとになった川柳を作った福祉事務所）も荒廃した職場ではない。
　　公扶研連の総活と組織再建からは、詠み人たちとA事務所、編集責任者は事実上「永久追放」になっている。そのような総括が研究運動の総括なのか。この総括で本当にいいか。大変な努力とご苦労があった対策会議や「あり検」の方々の「当時のおかれた状況」を十分理解せず申し上げている点があるのではないか（大友2004:147）。

　大友は同様に、福祉川柳事件に対する公扶研連の対応について以下のような認識を示し、組織に苦言を呈している。

　　事件は公扶研連という組織の出来事であるが、組織の総括文書をもって決着したとみるのであれば、「傷ついた人たち」よりも「組織優先」という立場が強すぎませんか、と恐る恐る申し上げるしかない（大友2004:104）。

確かに、生活保護「適正化」政策や、公的扶助労働における生活保護ソーシャルワーカーの専門性の軽視等に関する問題は、福祉川柳事件が発生する遠因となっているであろう。しかし、個別具体に発生した事件について、それだけを事件原因とするのは、事件の総括として不十分であろう。

　これまで懸命に『公的扶助研究』の編集を手弁当で努力してきた者を「永久追放」し、新しい組織を作るということは、今まで公扶研連が積み重ねてきた歴史を自ら否定することにも繋がるのではないか。「私は、編集責任者の解任が正しかったのか、今になってもよく分からない」（岡田2001:28）との再建された公扶研初代会長の回想もあるなかで、事件発生から30年以上を経た今日、改めて当該事件について考える必要性は十分にある。

　これに関連し、これまで挙げてきた公扶研連の再建にあたる一連の過程のなかで、社会福祉研究運動の指導者的立場にある鈴木政夫からは、公扶研連の組織的姿勢に疑問が寄せられている。鈴木は、公扶研連が会の再建に向けて掲げた「提言」や「基調」のなかで挙げている「人権の尊重」は、「何よりも生活主体、権利主体としての尊重がなければならない」としている（鈴木1995:23）。そのうえで、そのような視点が公扶研連には不十分であるとする。鈴木の論考を要約すると、生活保護ソーシャルワーカーと、生活保護を利用する者の関係性が対等ではなく、援助関係のなかにパターナリズムが潜んでいることに対して生活保護ソーシャルワーカーが無自覚なのではないのか、生活保護を利用する者は、生活保護ソーシャルワーカーに指導される立場の者として捉えているのではないかということである。

　公扶研連の立て直しを迫られた福祉川柳事件の教訓と課題は、「制度の『対象とされた人たち』を生活主体、権利主体として尊重することと共に、利用者から主体者へという道筋を明らかにしていく視点と方法の確立である」（大友2004:158）との指摘は果たして今日の公扶研のなかで達成できているのであろうか。

3．インタビュー調査から

　上記のような経過を経て公的扶助研究運動は、公扶研連から公扶研への組織再編に至り、今日まで運動を継続している。では、福祉川柳事件を経験した公扶研メンバーは、当該組織の弱点や福祉川柳事件後における公扶研組織と当事者の関係について、いかに捉えているのであろうか。また、本章において取り上げた「123号通知」以降における生活保護をめぐる政策環境の変化のなかで、メンバーは生活保護ソーシャルワーカーが置かれている現状に対して、どのような認識をもち、運動を展開しているのであろうか。以下ではこれらについて明らかにしていく。なお、括弧内は筆者による加筆である。

（1）公扶研と当事者の関係
①調査対象者が捉える公扶研の弱点

　本研究において着目している公扶研と当事者である生活保護利用者の関係については、調査のなかで以下のように語られた。まず、公扶研と当事者の関係を考えるうえで、調査対象者がこれまで本研究において述べられた公扶研のパターナリズムを踏まえ、公扶研の弱点をいかに捉えているのかについて明らかにする必要性があると考え、それについて質問した。インタビュー調査からは公扶研の弱点として、「常に、絶対権力者ということを、自覚しながらわれわれは活動しなければならないという部分が弱点であり、常に気をつける必要がある部分」が挙げられた。これは、ひとりの生活保護ソーシャルワーカーが経済的給付とソーシャルワークを共に行うことが課せられている現在の生活保護制度のなかにおいて、その実務にあたる者は常に自らが権力を有していることを自覚する必要があるということである。

　また、公扶研の弱点として、「生活保護ソーシャルワーカーや生活保護ソーシャルワーカーが属する福祉事務所内部の論理のみで議論を展開してきたこと」という意見も示された。福祉川柳事件以前においても、公扶研の前身である公

扶研連は、生活保護利用者等の当事者の全国セミナーへの参加を制限していたわけではないが、「福祉川柳事件が発生したことを考えたとき、やはり公扶研内部からの視点が主流になっていたのではないか」との意見が述べられている。そのうえで、「当事者を含めた社会から公扶研運動や生活保護ソーシャルワーカーの仕事がどのように受け取られているか、公扶研と当事者の双方向によるやりとりが不足していたのではないか」と反省の意が示されている。これは、公扶研が自らの組織を客観視する機会に欠けていたという調査対象者の認識を示したものである。

②調査対象者が捉える福祉川柳事件後における公扶研と当事者の関係

調査対象者からは、福祉川柳事件を起点として公扶研と当事者の関係の変化について、以下のように語られた。まず、「仮に、当事者に対する差別や偏見を示す発言等があれば、それに対する指摘を公扶研組織内で行うようになったこと」が挙げられている。これは、福祉川柳事件における反省を踏まえて、公扶研内部から出る差別や偏見の芽を摘み取ろうとするものである。

また、「福祉川柳事件後は、それ以前に比べて当事者に全国セミナーの参加を促したり、そのなかで登壇を依頼して、自らの想いを語っていただく機会が増加したこと」が挙げられた。

福祉川柳事件後においては公扶研の機関誌のなかで、生活保護を利用する立場の者に対する呼称を、それまでの「生活保護受給者」ではなく、「生活保護利用者」と統一したことを挙げた調査対象者もいた。これは、生活保護を利用することは当事者の権利であるということをしっかりと認識する必要性があるとの考えが表明されたものである。

③調査対象者が捉える公扶研と当事者との関係に関する課題

これまで述べてきたように、調査対象者からは福祉川柳事件の反省を経て、当事者との関係を模索する様子が語られた。インタビュー調査においては、公扶研と当事者の関係を考えるうえで、各々からそれに対する課題も語られた。

調査対象者からは、「現在の生活保護制度が利用者に寄り添ったものではないため、利用者に生じる問題を当事者に責任転嫁してしまう」側面があることが述べられた。そのうえで、今日においても、「（当事者に対する差別や偏見が）根深くある」側面が課題として挙げられた。公扶研と当事者との関係はパターナリズムを脱し、対等に近づく方向にあるものの、それは「道半ば」であるとの認識が示された。

インタビュー調査からは、福祉川柳事件後において公扶研と当事者との関係は、より民主的に当事者に寄り添う方向に向かっているとの認識が示されながらも、「利用者の方から（公扶研を）見たときには、まだ、不十分なところは、たくさんあるのではないか。完璧にというのは難しい」とする考えが示されている。

これまで述べてきたように、公扶研と当事者との関係性は、公扶研の福祉川柳事件後における反省を踏まえて、より当事者と向き合う方向に進んでいる一方で、今日において、それは十分に達成できていないとの認識が調査対象者からは示された。

（2）組織連携の必要性

以下は、公的扶助研究運動の意義や生活保護ソーシャルワーカーのパターナリズムを問うやりとりから出てきた結果である。ここからは、公扶研と他の社会運動団体との連携の必要性が語られた。調査対象者からは、公扶研と「生活と健康を守る会」との関係性について、以下のように述べられている。両組織は、協定を交わしているわけではないが、「公扶研のセミナーに『生活と健康を守る会』の会員が参加したり、逆に、この『生活と健康を守る会』の研究会等に公扶研のメンバーが登壇して発言する」などしている。「私自身としては、やはりこの『生活と健康を守る会』は、生活保護を受けてる方自身の声を集めて、厚生労働省あるいは各自治体に直接交渉する、あるいは要求を出すというようなことでは非常に大きな意義があるという団体だというふうに思ってます」と

述べられた。その理由は、「生活保護は、権利とは言いながら、受けてる方自身がそれを表に出したくないという意識が強い」からである。よって、生活保護利用者は、当事者としての声を上げにくい側面がある。「生活と健康を守る会」では、各市や、区市町村の生活保護の部局に直接要望出したり交渉したりすることによって、自分たちの声を上げていく活動を展開しており、それは「非常に意義が大きい」と語られた。

また、調査対象者からは、自身の実践経験を踏まえて、「生活と健康を守る会」とのやりとりについて以下のように語られた。

> 1970年代、80年代のころ生活と健康を守る会の方が福祉事務所によく来られてました。職場の中にも直接入って来られて、少しワーカーと話をしたりとか、新聞を置いて行ったりとか、そういうことは日常的な光景でありました。…（略）
>
> ただ、福祉事務所側のケースワーカー等、職員のほうから見るとどうかっていうような意識ですけれども、やはり少し煙たいようなことが多かったと思うんですね。…（略）
>
> 余計なこといろいろ言われたりとか、被害者的な意識を行政の側が持ってたと思う。

このように、調査対象者からは、「生活と健康を守る会」に対する複雑な心境が語られた。そのなかでも、調査対象者は、福祉事務所の側からみると、煙たい存在である「生活と健康を守る会」の存在は、生活保護ソーシャルワーカーの業務上のミスをなくすうえでも必要だとの認識を示している。そのうえで、福祉川柳事件以前にも、全国セミナー等には「生活と健康を守る会」の方が参加したりしたことはあったが、このような交流を「公扶研の側も活動のなかに意識的につくっていくというようなところがあるのではないか。それは、今の公扶研の活動のなかで暗黙の合意は得られてる」との認識を示された。

一方、インタビュー調査においては、「1993年に（福祉）川柳事件が起きてし

まったという反省も踏まえたうえで、利用者本位を貫いた、活動を展開していくことが大事なこと」であり、「生活保護を利用する方と生活保護ソーシャルワーカーが手を取り合う関係」を大事にしていくため、「生活と健康を守る会」と一緒に活動することを「福祉川柳事件以降は、意識的に行っている」と語られた。それは、生活保護ソーシャルワーカーが権力を有しており、パターナリズムに陥らないためには、利用者との関係も大切であるけれども、その利用者を支えている関係者との連携が必要との認識から語られたものである。

（3）インタビュー調査の考察

以上のインタビュー結果を踏まえて、ここでは考察を行う。インタビューを通して明らかにされたことは、以下のようにまとめることができる。

1．福祉川柳事件を経験した調査対象者は、それぞれに公扶研の弱点を自覚しており、その課題に立ち向かうための方法を模索している。

調査対象者らは、自身が属する公扶研の弱点をそれぞれの視点において自覚をしていた。それは、これまで当事者の生活を守るために努力を重ねてきた調査対象者らの内省によるものである。本研究におけるインタビュー調査は長年にわたり研究運動を継続してきた公扶研会員を対象としており、これらの調査対象者は、本研究においてこれまで述べてきたように、時には自身の雇用先である地方自治体と対立する要素をみせながらも、生活保護利用者の生活を守る運動を継続してきた。

しかし、調査対象者らは長年にわたる研究運動の努力の反面で、当事者である生活保護利用者を研究運動の軸に据える取り組みを忘却していた。筆者はここで長年にわたって研究運動を継続してきた調査対象者らが、自らが属する組織の弱点を自覚している意義について取り上げる。どのように崇高な理想や理念を掲げて研究運動や日々の業務の遂行を展開している団体や組織であっても、その一方でそれぞれの組織には弱点が存在する。人間が行うことである以上、完全無欠ということはない。しかし、それに対して自覚を有しているのか否か

は、これからの当該組織を考えていくうえで重要な要素といえるのではないか。それは、自らが属する組織に対して内省を行い、今、抱えている組織の課題はどこにあるのか、それを改善するためにはどのような働きかけが必要であるのかを常に考え続けることが、組織をよりよいものに更新していく可能性を有していると筆者は考えるからである。本研究において示された調査対象者らによる公扶研組織の弱点の自覚は、これからの公的扶助研究運動を進めていくうえで貴重なものであるといえる。

2．生活保護利用者ならびに関係団体への接近を通して、自らの組織のあり方を再考している。

インタビュー調査からは、調査対象者が福祉川柳事件の反省を経て、自らの組織における弱点を自覚するとともに、公扶研組織が当事者である生活保護利用者の声に対して積極的に耳を傾けようとする姿勢が浮かび上がった。またそれとともに、生活保護利用者を支援していくためには、他の社会運動団体との連携の道があることが示された。これらは、調査対象者が当事者である生活保護利用者の想いを大切にしていくためには、生活保護ソーシャルワーカーの視点のみでは不十分であるということを自覚していることを示しているといえるのではないか。

当事者支援を行っていくための努力を福祉川柳事件以前の公扶研連が行ってきた側面があることは事実であるが、その一方で公扶研連は自らの組織の特性から労働組合的要素が強くなり、そこに当事者や他の社会運動団体が入り込む余地は少なかった。

しかし、本研究におけるインタビュー調査からは、当事者である生活保護利用者の声を聴く重要性ならびに、他の社会運動団体と連携していくことの大切さを調査対象者らが認識していることが示された。このことは、これからの公扶研のあり方を考えるうえで重要な事柄である。調査対象者らは、よりよい当事者支援を実践していくために、自らの組織のあり方を再考している最中であるといえる。

4．福祉川柳事件の教訓
―研究運動団体としてどのように当事者と向き合うか

　福祉川柳事件によって、一時は会の解散という話題まで出た公扶研連は、組織を新たに作り変えることによって活動を継続させることに成功した。
　その一方で、組織再編までの道のりのなかには、これまで会は会の運営を中心的に担ってきた人物を解任、辞任させる決断を下しており、そのような判断を組織として行ったことに対する疑問が呈されていることが明らかになった。組織としてトラブルが発生した際、その後始末を個人に負わせるという判断を公扶研連は行ったが、この判断は正しかったのか。同じような問題が発生した際、組織はどのように対応することが望ましいのか。そのような検討課題を本章で検討した歴史は教えてくれているのではないだろうか。
　また、公扶研連が再建される過程のなかでは、本研究において主題としている生活保護ソーシャルワーカーと生活保護利用者の関係性に疑問が呈されていた。本章が主題とする出来事は、1990年代中葉に生じた事柄である。それは後に社会福祉の業界で行われた社会福祉基礎構造改革や、措置制度から契約制度への移行、介護保険制度などが誕生する以前の出来事であり、今日のように利用者主体や当事者主権が謳われていない時代であった。そのようななかで、生活保護ソーシャルワーカーのパターナリズムに視点を当てた論考がみられることは、当時として先駆的であり、そのような視点を公扶研ならびに、一人ひとりの生活保護ソーシャルワーカーは失念してはならない。
　いかに当事者に寄り添う姿勢を公的扶助研究運動が示したとしても、現場に排除の構造が浸透している以上、現場に寄り添う者は排除構造の一端を担わされてしまう（小国2019:323）。そのなかで、公扶研連ならびに公扶研はいかなる行動を取ってきたのであろうか。社会的プレッシャーグループ（利益団体）をもたない生活保護利用者に対する、人格的自立の尊重とその実現に向けた努力を福祉川柳事件の教訓として提示（大友2004:181）されている公的扶助研究運

動は、当事者不在に直面した福祉川柳事件後における反省のなかで、当事者との関係を改善しようとするメンバーの様子がインタビュー調査からは明らかにされた。それは、福祉川柳事件後における全国セミナーにおいて、より当事者の参加を促していること、他の社会運動団体との連携のなかで当事者との関係形成を進めていこうとしていることに見受けられた。

　生活保護利用者が、社会に異議申し立てを行う必要性が生じた際、組織的な抗議運動を展開することは果たして可能であろうか。生活保護利用者が横のつながりをもち、当事者団体を形成するような結束性をもつことは困難である（田中2020:75-109）。生活保護ソーシャルワーカーには、当事者組織等と連携して、生活保護利用者が自らの生き方を選択できるような環境作りが求められている（戸田2021:110-111）。生活保護利用者が横のつながりをもち、社会的プレッシャーグループを形成していけるよう、サポートしていくことも公的扶助研究運動の重要な側面であり、今後の課題であろう。

　福祉川柳事件は当事者不在の公的扶助研究運動の弱点が露呈したものであるが、本章において検討した事件後の対応について、生活保護ソーシャルワーカーの権力性とパターナリズムを指摘したのは、公扶研連内部からではなかった。また、本章において述べてきた一連の過程では、公扶研連が行った対応のなかで、事件の当事者である生活保護利用者の姿がどこにもみえない。その一方で、本研究のなかにおいて検討してきた当事者不在の公的扶助研究運動の姿は、その後の反省のなかで、当事者との関係を改善しようとする動きが見受けられた。

　畑本裕介は、福祉川柳事件の要因として、生活保護ソーシャルワーカーをめぐる人事政策を挙げている（畑本2018:11-24）。これまで述べてきたように、生活保護ソーシャルワーカーの任用資格である社会福祉主事は、「三科目主事」と揶揄されるほど資格取得が容易である。また、福祉専門職採用を実施している地方自治体は、序章でも述べたように少数にとどまっている。そのようななかで、生活保護ソーシャルワーカーの多くは一般行政職として採用される。その場合、生活保護ソーシャルワーカーは、様々な部署との人事ローテーションから抜け出せず、その専門性を涵養していくことが難しい。生活保護ソーシャル

ワーカーが専門職として分化の進まない状況は、生活保護ソーシャルワーカーの職場である福祉事務所のモラル低下をもたらし、弊害を生み出すことになる。

また、畑本は、地方行政における構造上も社会福祉行政が巨大化した今日において、生活保護ソーシャルワーカーを他部局とローテーションしていく体制は限界を迎えていると述べている（畑本2018:20）。現状のこのシステムでは、社会福祉行政の専門職に求められる最低限の専門性である「他者の意見に真摯に耳を傾け、たえず自己の実践に関して内省する態度」すら獲得されないという（畑本2018:18）。

ここでの畑本による指摘は本研究にとって、重要なものである。当事者不在のなか研究運動を継続してきた公扶研連、ならびにその後を継いだ公扶研は、研究運動団体として、自身の組織内で当事者と向き合うことのみならず、社会に対して運動団体として公的扶助をめぐる様々な問題を提起し、改善していく役割を担う。ここでの畑本による指摘は、公扶研に対し、公的扶助研究運動のあり方だけでなく、会が研究運動団体として、生活保護ソーシャルワーカーの置かれている状況をいかに捉え、社会に対してどのように課題提起していくかが問われていることを示している。

【引用・参考文献】
朝日新聞(1993a)「生活保護者を川柳で侮べつ　ケースワーカー機関誌に障害者団体が抗議」1993（平成5）年6月15日．
朝日新聞(1993b)「福祉現場から『川柳』見れば（声）」1993（平成5）年6月26日．
池谷秀登(2017)「生活保護の到達点と諸課題」『社会福祉研究』130.
稲葉剛(2013)『生活保護から考える』岩波新書．
岩永理恵（2011)『生活保護は最低生活をどう構想したか―保護基準と実施要領の歴史分析』ミネルヴァ書房．
大友信勝(1984)「生活保護の『適正化』」『賃金と社会保障』901.
大友信勝（2000)『公的扶助の展開―公的扶助研究運動と生活保護行政の歩み』旬報社．
大友信勝（2004)『福祉川柳事件の検証』筒井書房．
大友信勝(2005)「社会福祉学と保健医療―公的扶助を中心に」『保健医療社会学論集』15(2).
大友信勝(2006)「福祉川柳事件の検証―教訓と課題（特集『公的扶助研究』誌200号に寄せて）」『公的扶助研究』200.

大友信勝(2014)「差別意識とその克服への視座」『社会福祉研究』121.
岡田征司（2001）「『福祉川柳』とあり方検討委員会」『公的扶助研究』181.
小国喜弘（2019）「障害児教育における包摂と排除―共生教育運動を分析するために」小国喜弘編『障害児の共生教育運動―養護学校義務化反対をめぐる教育思想』東京大学出版会.
金子充(2012)「生活保護とその関連施策における包摂と排除―他者化、不可視化、統治の論理を超えて」『社会福祉研究』114.
黒川京子(2018)「朝日訴訟におけるソーシャルワーカーの専門性―日本社会事業大学所蔵のマイクロフィルム資料を専門職育成に活かすために」『日本社会事業大学研究紀要』64.
公的扶助研究全国連絡会（1993）『公的扶助研究』154号（差し替え号）.
公的扶助研究全国連絡会（1994a）『公的扶助研究』特集号.
公的扶助研究全国連絡会（1994b）『公的扶助研究』特集2号.
公的扶助研究全国連絡会（1994c）『公的扶助研究』特集3号.
公的扶助研究全国連絡会（1995）『公的扶助研究』特集4号.
真田是（2012）『真田是著作集第5巻　Ⅰ福祉労働論　Ⅱ社会福祉運動論　Ⅲ部落問題論』福祉のひろば.
篠原新・山田良介(2018)「革新自治体における生活保護費の削減：奥田八二知事時代の福岡県を例として」『奥田八二日記研究会会報』1.
朱珉(2018)「生活保護制度」多田英範編『「厚生（労働）白書」を読む―社会問題の変遷をどう捉えたか』ミネルヴァ書房.
荘田智彦(1995)「国民の顔が見える福祉議論を」『賃金と社会保障』1161.
鈴木政夫（1995）「『公扶研の基調』（素案）に寄せて―福祉労働論からの一つの意見」『公的扶助研究』159.
全国公的扶助研究会（1995a）『公的扶助研究』159号（再刊第1号）.
全国公的扶助研究会（1995b）『入会のしおり　豊かな福祉実践・研究活動をあなたと！』.
副田義也（2008）『福祉社会学宣言』岩波書店.
副田義也(2013)『福祉社会学の挑戦―貧困・介護・癒しから考える』岩波書店.
副田義也（2014）『生活保護制度の社会史【増補版】』東京大学出版会.
多田英範(2018)「はしがき」多田英範編『「厚生（労働）白書」を読む―社会問題の変遷をどう捉えたか』ミネルヴァ書房.
髙田哲(2008)「福祉事務所における専門性と人材養成の課題―『困ったときの福祉頼み』のススメ」『社会福祉研究』101.
高間満(2016)『公的扶助の歴史的展開』みらい.
田中秀和（2020）「生活保護ケースワーカーの現代史―全国公的扶助研究会とメディアに登場するフィクション作品との関係に着目して」『立正大学社会福祉研究所年報』22.
寺久保光良(1988)『「福祉」が人を殺すとき―餓死・自殺―相次ぐ生活保護行政の実態と背景』あけび書房.
戸田典樹（2021）『公的扶助と自立論―最低生活保障に取り組む現場実践から』明石書店.

戸田隆一（1982）「『保護適正化』と福祉労働者の課題―福祉事務所からのレポート」『社会福祉学』23(2).
西野勝久（1994）「わが国のソーシャルワークについて語る」『ソーシャルワーク研究』20(3).
仁平典宏（2014）「社会保障―ネオリベラリズムと普遍主義のはざまで」小熊英二編『平成史【増補新版】』河出ブックス.
畑本裕介（2018）「社会福祉行政における専門性」『同志社政策科学研究』19(2).
久田恵・大澤隆・大友信勝（1994）「生活保護行政とケースワーカーを取り巻く状況」『社会福祉研究』60.
藤城恒昭（2012）「特集『公的扶助研究』誌200号に寄せて 2006年1月 公的扶助研究運動での『公的扶助研究』誌の位置：200号へのあゆみと発展の課題（特集 生活保護にロマンと情熱を持って：公扶研活動を支えた藤城恒昭さん逝く）」『公的扶助研究』69.
毎日新聞(1993a)「弱者を冷笑する川柳、障害者ら回収要求―ケースワーカー専門誌」1993（平成5）年6月15日.
毎日新聞(1993b)「［記者の目］ ケースワーカーと川柳 評価高い専門誌だったが」1993（平成5）年7月7日.
毎日新聞(1993c)「［社説］ 生活保護 これがいったい川柳なのか」1993（平成5）年6月16日.
毎日新聞(1994)「"侮辱"川柳をタネに福祉団体の弁護士に暴行 右翼幹部ら3容疑者逮捕」 1994（平成6）年6月8日（夕刊）.
松岡是伸（2007）「日本の公的扶助における『濫給防止』とスティグマ―生活保護行政のスティグマに対する配慮の有無」『名寄市立大学紀要』1.
水島宏明（2014）『母さんが死んだ―しあわせ幻想の時代に（新装増補版）』ひとなる書房.
三矢陽子（1996）『生活保護ケースワーカー奮闘記―豊かな日本の見えない貧困』ミネルヴァ書房.
宮本太郎（2017）「困窮と孤立をふせぐのはいかなる制度か？」宮本太郎編『転げ落ちない社会―困窮と孤立をふせぐ制度戦略』勁草書房.
山本茂夫（1994）「市町村と福祉改革」『社会事業研究』33.
山本敏貢（1993）「『公的扶助研究』誌『川柳』問題にふれて―機関誌の続刊・活動の継続こそ抗議に応える道」『部落』45(8).
読売新聞(1993)「生活保護者あざ笑う川柳 福祉関係職員組織の機関誌に掲載 89作品の半数以上」1993（平成5）年6月15日.

第3章　福祉川柳事件を想起する公的扶助研究運動

―小田原ジャンパー事件の分析

　公的扶助研究全国連絡会（以下、公扶研連）が引き起こした福祉川柳事件は、これまで述べてきたように障害者団体等からの抗議によって社会問題へと発展した。公扶研連は事件の反省から全国公的扶助研究会（以下、公扶研）へと名称を変更し、公的扶助研究運動の新たな形を模索した。福祉川柳事件の背景には、当時の生活保護「適正化」政策の影響があることは否定できない。それは、生活保護ソーシャルワーカーの仕事が、その時代における公的扶助をめぐる政策とは無縁ではいられないことのひとつの証左である。

　本章では、福祉川柳事件とともに、それに類似する側面をもつ小田原ジャンパー事件を公的扶助研究運動団体と生活保護利用者をめぐる関係の変遷を考えるうえでの素材として取り上げる。まず、ここでは福祉川柳事件から小田原ジャンパー事件に至るまでの間に、公的扶助をめぐる政策がいかに変遷したのかについて、当時の社会状況を踏まえつつ述べることによって、当該事件に対する複層的理解のための一助としたい。

1．水際作戦の展開

　1993（平成5）年に発生した福祉川柳事件当時、生活保護利用者は減少傾向にあった。その背景には、これまで述べてきたように生活保護「適正化」政策があり、生活保護の濫救を防ぐための働きかけを担うことが生活保護ソーシャルワーカーには期待されていた。1995（平成7）年に底を打った生活保護利用者数は、その後一転して増加に転じる。バブル経済破綻に伴う長期不況は、回

復の兆しが見えないまま時間が経過していった。2008（平成20）年には世界金融危機が発生した影響をその一因として、生活保護利用者は急増した。その後、東日本大震災が起こった2011（平成23）年には生活保護利用者は200万人を突破し、2014（平成26）年には、利用者が216万人を超えるに至った。以後、生活保護利用者は、今日に至るまで高止まり傾向が続いている。

　生活保護「適正化」政策によって、生活保護利用者との面接・相談の段階において資料の提出を生活保護ソーシャルワーカーが指示し、簡単には保護申請を受理せずに一度は返す水際作戦と呼ばれる方式が活用され、生活保護利用者を生活保護から排除するための違法な対応が全国で頻発した。いくら生活保護ソーシャルワーカー個人が努力したところで、その背景にある制度構造を変化させなければ、当該問題は解決に至らない（後藤2009:90-112）。それに対し、厚生労働省は、後に詳述するように、反貧困運動の影響を受けて、2008（平成20）年に福祉事務所窓口での要保護者に対する申請抑制を行ってはならない旨を指示した。この指示は今日においても再三実施されている（池谷2017a:45）。このようなダブルスタンダードが成立する要因として、2000年代以降における生活保護行政の考え方が、稼働能力者を排除する、あるいは包摂するといった相反する自立論によって常に展開されていることを挙げることができる（戸田2021:25）。

　この間、2009（平成21）年に政権交代が行われ民主党が初めて政権与党となったが、2012（平成24）年には再び自民党が与党に返り咲いた。政府はここで生活保護基準ならびに生活保護制度の見直しに着手し、2013（平成25）年以降、その取り組みが実施に移された。ここで実施された政策は、生活保護に関わる予算の削減を狙ったものであり、生活保護利用者の生活をより苦しめることとなった。

　また、ここでも生活保護「不正受給対策の強化」が問題となり、結果的に生活保護行政の現場で行われていた違法な水際作戦を合法化させる効果をもたせることに繋がった（仁平2014:268-364）。このように、1990年代以降の公的扶助政策においても、水際作戦は影響を保持し続けているのである。ここで生活保

護の「不正受給対策の強化」が問題となった原因として、2012（平成24）年に実施された衆議院議員選挙における自民党の政権公約のなかに、生活保護の不正受給には厳格に対処する旨が記載されたことが挙げられる。民主党から自民党への政権交代は、これまで行われていた水際作戦を強化する側面をもつことに繋がった。

２．2000年以降の社会福祉と生活保護政策の変遷 ―新たな自立観の登場

　2000（平成12）年は、社会福祉に関わる人々に大きな影響を与える制度改革が行われた年であった。それは、社会福祉基礎構造改革という名称をもち、「措置から契約へ」というスローガンに代表される。同改革が断行される以前は、社会福祉の対象者には主体的にサービスを選択する権利は与えられていなかった。当時の対象者は、行政からの反射的利益を得ることによって福祉サービスを享受していた。そこには、利用者の主体性を尊重する仕組みは不十分であった。

　このような状況のなかで、1997（平成９）年の児童福祉法改正によって、保育所に利用契約制度が導入されたことをはじめとして、2000（平成12）年には社会福祉事業法が改正されることにより社会福祉法が成立した。これにより、社会福祉の対象者は、自ら主体的にサービスを選択する自立した個人として認識されるに至り、その状態にない者には成年後見制度等を活用することによって、サービス提供者と対等な立場で制度を利用する仕組みが確立した。

　社会福祉基礎構造改革は、社会福祉法を成立させる一方で、高齢者の介護に関しては社会保険による介護保険法を成立・施行させた。介護保険法は、1997（平成９）年に成立したが、施行は2000（平成12）年であり、同年は介護保険法の施行と社会福祉法の誕生という、社会福祉界にとって、大きな変革の年となったのである。

　一方、社会福祉基礎構造改革は、生活保護制度を根本から改革するものにはならなかった。

2000（平成12）年前後に行われた生活保護に関連する政策は以下の通りである。

　①1997（平成9）年に介護保険法が制定され（施行は2000年）、生活保護の扶助のなかに新たに「介護扶助」が新設された。介護保険制度は、生活保護利用者も保険適用の対象となったため、生活保護を利用している者の介護保険料は、生活扶助によって対応することとなった。
　②1999（平成11）年の地方分権一括法（施行は2000年）によって、機関委任事務が廃止され、法定受託事務と自治事務に分けられることとなった。これに伴って、福祉五法は自治事務となったが、生活保護法は、国の責任によってナショナル・ミニマムを確保する必要があり、最低生活にかかわる部分が法定受託事務に分類された。また、相談援助（相談及び助言）にかかわる部分が新たに追加され、自治事務となった。
　③2000（平成12）年、社会福祉事業法が社会福祉法に改正されたことによって、生活保護法の施設である保護施設で用いられていた「収容」という用語は、他の社会福祉各法と同様に「入所」に統一された。

（牧園2017:31-32）

　また、2000（平成12）年4月から、それまで実施されてきた「おおむね10万人に1」という「福祉地区」を設定して、そこに福祉事務所を設置するという考え方が撤廃されることとなった。さらに、福祉事務所の所員定数については、それまでの義務規定から、「標準」へと変化した（船水2016:46-47）。これは、福祉事務所における最低限必要な人員数の義務規定について、それを撤廃することを意味する。それはすなわち、各地方自治体の判断によって、福祉事務所の所員定数をコントロールすることができるということである。
　上記のような改革が行われたものの、社会福祉基礎構造改革によって、社会福祉全体のシステムが大きく変革を遂げているなかで、それが生活保護制度に与える影響は小さなものであった。しかし、これらの改革は、ナショナル・ミ

ニマムの保障や、健康で文化的な最低限度の生活保障のあり方を改めて問うているものである（田中2017:55-67）。

　1990年代初頭に弾けたバブル経済の影響は、貧困の深刻化となって、その姿を現しはじめていた。1995（平成7）年に戦後最低の保護率を記録した生活保護の比率は、その後一転、上昇し、年を追うごとにそのパーセンテージを増加させていた。当時の保護率の低さは、「バブル経済という経済的要因とともに、生活保護から稼働年齢層を排除し、『水際作戦』を進めてきた1980年代からの生活保護行政の運用や監査にある」（大友2011:106）とされる。

　そのようななか、2000（平成12）年に厚生省は、「社会的な援護を要する人々に対する社会福祉のあり方に関する検討会」を設置し、検討を重ねた。2003（平成15）年には、「生活保護制度の在り方に関する専門委員会」が社会保障審議会福祉部会に設置された。

　その後、2004（平成16）年に社会保障審議会福祉部会から提出された「生活保護制度の在り方に関する専門委員会」報告書は、生活保護制度を「利用しやすく自立しやすい制度」とする方向性が示された。それは、就労自立支援を行うことのみならず、日常生活自立支援や社会生活自立支援を行うよう提言されたものである（金井・四方2019:147）。一方、同委員会は、「平成16年度から老齢加算の段階的廃止や、平成17年度から生活扶助基準第1類年齢区分の簡素化、人工栄養費の廃止、母子加算の見直し、生業扶助による高等学校等就学費の対応」などの結果をもたらした（岡部2016:50）。

　自立を経済的自立のみではなく、日常生活自立や社会生活自立との概念を新たに取り入れた専門委員会の姿勢は評価できる。専門委員会からの報告は、生活保護からの脱却のみを自立として捉えていない。つまり、生活保護を脱して、経済的に自立することも自立のひとつではあるが、生活保護を利用しながら生活を継続していくことも自立であるとの捉え方をしている点に、この報告書の特徴がある（池谷2017b:41）。これは、これまでの自立論の転換であり、日常生活自立や社会生活自立の重要性を国が認識したことを示している。専門委員会が生活保護の目的を日常生活自立と社会的自立まで広げたのは、要保護者が抱

える問題を経済的自立概念のみで捉えることに無理が生じていたためである（池谷2017a:46）。この専門委員会からの報告は、2005（平成17）年度より実施された自立支援プログラムに繋がるものである（池谷2013:19-20）。

　上記の新たな自立観は、生活保護利用に際して、制度利用の「入り口」を拡大し、ミーンズテスト（資力調査）の緩和等への道を開いた。それは従来、医療モデルに依拠していた制度設計が生活モデルへと転換されたことを意味する（大友2006:104-107）。岩永理恵によると、このような自立観の変化は、生活保護制度そのものの目的変更を迫るものであったという。それはすなわち、生活保護の自立観の多元化によって、これまでの経済的自立のみならず、日常生活自立と社会生活自立が想定されたことに起因する。これは、生活保護利用者を保護の対象としてみるこれまでの考え方にはそぐわない側面が発生することとなる。さらに岩永は、新たな自立観は、「これまでの"保護"を切り崩していく、あるいはすでに切り崩している可能性」があり、「"保護"に代わる概念を構想」することが求められることとなったとしている（岩永2009:49）。そこで新たに登場することとなったのは、生活困窮者自立支援制度である。

　2013（平成25）年に制定された生活困窮者自立支援法は、ワークフェア政策（労働福祉政策）を代表するものである。この施策は、「すべり台社会」（湯浅2008）と呼ばれる日本社会のセーフティネットに重層化をもたらし、生活保護制度利用に至る前に自立支援を図ることを目的としている。これは一見すると社会福祉政策の充実とみることが可能である。例えば新保美香は、生活困窮者自立支援法は、生活困窮を経済的困窮状態にある人に限定せず、社会的孤立の状態にある人や複合的な課題を抱えて制度の狭間に置かれている人も含めて考えていることや、これまで「高齢者」や「障害者」、「児童」など縦割りになっていた社会福祉制度の枠を超えて誰も排除することなく受け止めようとしている点に肯定的な評価を下している（新保2017:235-243）。また、岡部卓は、生活困窮者自立支援法について、低所得者対策としてセーフティネットの網の目を地方自治体に広く張ることで、生活保護利用に至らない段階で生活再建に向けた取り組みをより進めようとしているものであるとして、こちらも肯定的な評

価を行っている（岡部2014:31）。

　しかし、日本のワークフェア政策は、一般労働市場で働くことが可能な人と、社会参加など社会福祉の視点から働くことが必要である人とが区分けされている（戸田2021:175）。これは、重度の障害を有する者や高齢によって就労が不可能な者に対して、より強いスティグマを付与することに繋がる。人間を働くことが可能であるか否かに力点を置く政策が浸透する今日、日本国憲法が規定している生存権の意味が改めて問われているといえよう。一見すると望ましい事柄に見えるワークフェア政策は、人間の選別化を進め、社会福祉に関わる予算を削減する側面を有している。このような政策は、多くの高齢者や障害者等の利用者には簡単には適合せず、働くことができないことは当事者にとって罰として経験されることとなる。また、当該政策は、当事者の身体的・精神的健康を悪化させる個人的・構造的要因に適切に対処しないと批判の的になっている（イアン・ファーガスン, I.Ferguson 2008＝2012:76-79）。

　2000年代以降の公的扶助政策を概観するとき、その特徴は、「まずなにより基準の引き下げ」であった（岩永2015:29）。2000年代以降の公的扶助政策は、一定の生活保護利用率の高まりをみせたものの、その反面では上記のように、可能な限り生活保護利用者を減少させようとする厚生労働省の意図が読み取れる。生活保護基準の引き下げはその後も止まることなく、2018（平成30）年以降も継続して行われている（桜井2018:9-17）。

　戸田典樹は、このような一連の生活保護基準の引き下げ政策を概観し、2013（平成25）年から2020（令和2）年を「第四次『適正化』」期として時代区分を行っている（戸田2021:45-47）。ここにおける特徴は、実施機関には命令、指示等の職権の活用を戒め、行政運用が違法とならないように、合法的な判断と手順を確保する形態をもっていることである（戸田2021:66）。これまで述べてきたように、本章が主題とする期間においては、多様な自立観が公的扶助政策のなかにも登場し、経済的自立のみを目指すこれまでの政策とは一線を画す思想が導入された。しかし、その一方で、ここで述べたように、生活扶助基準は引き下げられ、生活保護利用者に就労を促す政策も一面では展開されてきたので

ある。このように多面的な公的扶助政策が展開されるなかで、2017（平成29）年に小田原ジャンパー事件が生じたのである。

3．反貧困運動の進展 ―貧困問題の可視化

　1990年代後半から2000年代は、様々な公的扶助政策が展開されたが、それは同時に貧困問題が可視化された時代であったともいえる。この時期における象徴的な出来事は、米国大手の証券会社リーマン・ブラザーズが事実上の経営破綻に追い込まれ、2008（平成20）年に生じたリーマンショックである。これにより大量の派遣切りが発生し、同年末から翌2009（平成21）年の年明けにかけて「年越し派遣村」が開設されるに至った。

　「年越し派遣村」を主導した湯浅誠は、自身の経験をもとに2007（平成19）年には『貧困襲来』（山吹書店）を、2008（平成20）年には『反貧困―「すべり台社会」からの脱出』（岩波書店）をそれぞれ出版し、世間に当該問題の重要性と深刻さを訴えた（湯浅2007）、（湯浅2008）。

　湯浅は当時、今日までその影響を与えている「自己責任」論に対して批判的考察を展開し、貧困状態にある当事者は、「五重の排除」にさらされているとして、当該概念を提出した。五重の排除とは、「教育からの排除」、「企業福祉からの排除」、「家族福祉からの排除」、「公的福祉からの排除」、「自己からの排除」である。上記の論考は、貧困状態にある者は、単に経済的に困窮しているのみではなく、多角的に世間から排除されていることを示している。この状態は今日の学術用語では、「社会的排除」と呼ばれている。これは、1970年代後半にフランスで使用されるようになった用語であり、従来の貧困を捉えるフレームワーク（枠組み）ではうまく理解できないような「複合的不利」を表現しているものである（堅田2021:25）。

　このようななか、2008（平成20）年12月31日から2009（平成21）年1月5日にかけて東京・日比谷公園内に「年越し派遣村」が開設された。本節のなかでも触れたように、2008（平成20）年は、アメリカを起点とする世界金融危機が

発生した年である。年越し派遣村が開設された背景には、当時の労働者派遣法改定問題がある。不安定雇用が広がるなかで、2008（平成20）年12月4日に日比谷野外音楽堂において、政府が提示する労働者派遣改定法案を批判し、労働者の切り捨てを許さないことを趣旨とする集会が開催された。この集会の実行委員会にはナショナルセンター（労働組合の全国中央組織）の連合（日本労働組合総連合会）や全労連（全国労働組合総連合）、全労協（全国労働組合連絡協議会）なども揃い、これまでの枠を超えた新しい枠組みができたとされる。この実行委員会が「年越し派遣村」の母体となった（湯浅2009:2-3）。

年越し派遣村は、高度経済成長期以降、社会からみえない存在であった貧困問題を可視化させることに成功したといえよう。2000年代初頭において、日本では「貧困」という用語の使用は一般的ではなかった。当時それは、第二次世界大戦後の混乱期におけるものであり、高度経済成長を経た後においては解決済の問題であると社会では認識されていた。そのような情勢のなかで、湯浅は、2006（平成18）年から「貧困問題と言い始めた」ことを明らかにしている（湯浅・仁平2018:153）。湯浅が貧困問題と言い始めたきっかけは、同年6月16日の朝日新聞の記事であった。当該記事は、当時、総務大臣であった竹中平蔵に「『小泉改革』の5年とは」をインタビュー形式で尋ねるものであった。そのなかで、竹中の以下の発言が湯浅の逆鱗に触れた。

　　格差ではなく貧困の議論をすべきです。貧困が一定程度広がったら政策で対応しないといけませんが、社会的に解決しないといけない大問題としての貧困はこの国にはないと思います（朝日新聞2006年6月16日）。

上記の発言に怒りを覚えた湯浅は、上記に挙げた自身の書籍を出版し、貧困問題が日本社会で大きな問題であることを明らかにしていく。当時の社会では、若年労働者の雇用不安定化などを切り口として格差社会論が叫ばれていたが（山田2004）、（小杉2006:41-49）、（田中2007:38-42）、この時期を境にして、社会の認識は格差社会論から貧困論へと変化していくことになる（田中2011:54-58）。

上記の派遣村に関する動きは、このような社会情勢のなかで決行された。
　その後、湯浅は、貧困ブームは沈静化したようにみえる側面があるものの、「子どもの貧困」に代表されるように、貧困という言葉は、「世の中でデフォルト化したところ」があり、日本に貧困があるという理解が社会に浸透したとの見解を示している（湯浅・仁平2018:160）。
　上記の一連の動きは、これまで述べてきた生活保護の動向とも大きく関連している。反貧困運動が進展するなかで、年越し派遣村が開設された2008（平成20）年度を境に生活保護利用者は急増し、2014（平成26）年度には216万人を超える利用者数となった（三宅2021:111）。この背景には、前述した厚生労働省からの、福祉事務所の窓口において要保護者に対する申請抑制を行ってはならない旨の指示があった。政府は水際作戦を進める一方で、ここで述べているような反貧困運動による国民からの声に応えることも同時に遂行することとなったのである。

4．生活保護バッシングの発生と経過
―生活保護利用者に対する社会からの監視強化

　小田原ジャンパー事件が発生した2010年代には、生活保護をめぐって社会から激しいバッシングが巻き起こった。生活保護バッシングは、芸能人の家族が生活保護を不正に利用しているのではないかと複数の週刊誌が報じたことを起点として、社会問題化した。
　その始まりは2012（平成24）年、週刊誌『女性セブン』（2012年4月12日号）が芸能タレントの親族による生活保護不正受給疑惑を報じたことである。それを皮切りとして、『週刊ポスト』（2012年6月10日号）や『週刊ダイヤモンド』（2012年6月30日号：特集・生活保護3,7兆円が日本を蝕む）などが追随し、テレビ番組等でも取り上げられた（金子2012:74）。一連の週刊誌報道を受け、当時野党であった自民党の片山さつき議員は、「不正受給の疑いがある」と批判を展開した。片山は、自民党の「生活保護に関するプロジェクトチーム」メンバー

であり、政策的な狙いをもってバッシングを展開したとされる（大友2014b:16-27）。ここでの政策的意図は、生活保護費の増加に歯止めをかけて縮減をしていきたいという財政上の要請である（大友2014a:30-38）。

　本研究と関連する先行研究のなかに、生活保護制度の福祉縮減について、非難回避戦略の視点から分析を行ったものとして、平将志の研究がある（平2022:1-13）。同論文では、本格的に福祉縮減が行われた1980年代を福祉縮減期と位置づけ、生活保護「適正化」政策の対象が濫救問題に関するものから、不正受給問題へと意図的に変換され、それがマスコミによるネガティブキャンペーンに利用された過程が描かれている。本研究がここで取り上げている生活保護バッシングも背景には財政問題があり、厳しい経済情勢のなかで、本来は生活保護を利用すべきではないとマスコミが判断する者に対して、ネガティブキャンペーンが実施された過程は1980年代と変化がない。

　中村亮太は、生活保護バッシング報道のレトリックについて、納税者が自身の納税が自身に還流せず、一部の人たちに特権的な流用がされていると思うような社会的コンテクスト（税制度の構造）を挙げている（中村2016:261-274）。

　水島宏明は、テレビ番組の放送内容や放送時間などを記録したデータである「TVメタデータ」の調査を行い、2012（平成24）年の「生活保護」に関する放送について、2007（平成19）年、2008（平成20）年のそれぞれ1年間の放送に匹敵する長時間の放送が、わずか1ヶ月あまりの間に放送されたことを明らかにしている。そのうえで水島は、2012（平成24）年当時の放送の多くが「不正受給」に関するものであり、これは生活保護制度に対する信頼を根本的に揺るがすような、尋常とはいえない報道が集中したとしている（水島2022:31-51）。

　副田あけみは、生活保護バッシング報道について、それは生活保護を利用している「働ける人々」に対する指弾であるとともに、「働ける人々」に「甘い対応」をしている福祉事務所と生活保護ソーシャルワーカーに対する非難であるとしている（副田あけみ2013:110）。

　生活保護を利用することは、日本国憲法で保障された国民の権利である。しかし、これまで述べてきたように、小田原ジャンパー事件が発生した2010年代

においても、生活保護を利用する者に対する社会からの「厳しい監視の目」は保持され続けてきたのである。

５．小田原ジャンパー事件の発生とその経過
―罪悪感のない職場環境とその後の反省

　本研究では、第２章のなかで1993（平成５）年に発生した福祉川柳事件の経過を追うことによって、第１章において指摘した公的扶助研究運動の弱点である当事者の不在がここでもクローズアップされた。ここでは、上記で述べた当時の公的扶助政策や社会状況を念頭に置きつつ、福祉川柳事件から四半世紀の時を経て発生した小田原ジャンパー事件を取り上げる。小田原ジャンパー事件は福祉川柳事件と類似した側面をもつ事件であるが、その発生源は研究運動団体内ではなく、ひとつの地方自治体である。しかし、小田原ジャンパー事件における事件後の対応は、公的扶助研究運動の弱点とする当事者を登場させることによって改革を試みている。このことは、公的扶助研究運動のあり方を考えるうえでも重要な位置を占めるものである。よって、ここでは小田原ジャンパー事件の経過を追うとともに、それに対する公扶研の対応について述べていく。

　小田原ジャンパー事件は2017（平成29）年１月17～18日の新聞報道によって世間に発覚した（毎日新聞2017年１月18日）、（朝日新聞2017年１月18日）、（読売新聞2017年１月17日）。この事件は、神奈川県小田原市の生活保護ソーシャルワーカーが、「生活保護なめんな」、「不正を罰する」などの生活保護利用者に対して威圧するような言葉がプリントされたジャンパーを着用して、生活保護世帯への訪問を繰り返し行っていたものである。この事件は、生活保護や、その利用者に対する否定的な価値観が顕在化したものであるといえよう（山田2017:43）。

　プリントされていた文字は、ジャンパーの胸にローマ字でHOGO　NAMENNAと記され、背面にS（生活）、H（保護）、A（悪撲滅）、T（チーム）の頭文字を取って、SHAT　TEAM　HOGOと記されていた。この事件が10年間も判明し

なかった原因のひとつは、このローマ字記載にあったと考えられる。

また、この事件におけるジャンパー問題は、「生活保護受給者に対するストレートなヘイトスピーチであり、人権侵害」であって（堅田2018:93）、「〈望ましいソーシャルワークの倫理〉とは別の価値・倫理が優先される現代の福祉政策の歪みから生じたものである」といえる（金子2018:180）。

一方で、「市民からは、職員の行為を批判する声と同時に擁護する声も挙がった。生活保護の『不正受給』の厳しい取り締まりを求める世論だ」とする報道も行われた（朝日新聞2017年4月19日）。それに対して、「職員を擁護する市民の声には、今は生活保護を利用していない自分も、病気や失業などの予期せぬトラブルで、いつ受ける立場になるか分からないという視点がない」との指摘がなされている（毎日新聞2017年5月19日）。

この事件では、小田原市が事件への反省と今後の生活保護の方向性を検討するため「生活保護行政のあり方検討会」を設置、その委員として生活保護利用者の権利擁護に取り組んできた元生活保護ソーシャルワーカーの森川清弁護士、元生活保護利用者の和久井みちる氏を委員として登用した（小久保2017:16）。この検討会は、2017（平成29）年2月28日から3月25日までの約1ヶ月に4回開催され、4月6日、市長に報告書が提出された。小田原市は新聞報道で事件が発覚してから1ヶ月という早さで検討会を設置し、迅速に対応を図ったのである。同検討会の座長である井出英策は、「ケースワーカー（担当職員）を非難して幕引きではない。その行動の背景に、役所の中での立場がどうだったか、耐えがたい労働環境はなかったか。同種の問題は全国で起きているかもしれない」と問題提起を行った（朝日新聞2017年3月1日）。また、井出のもとに届けられた市民からの投書は、45％が職員を擁護するものであったが、その根拠は「自分も大変なのだから、生活保護を受けずに我慢しろ」等であり、弱者が弱者に敵意を向けているものであった（朝日新聞2018年5月5日）。

なお、この事件では、生活保護「受給」者ではなく、生活保護「利用」者という表現が検討会を中心になされたことも特筆すべき事柄である。この名称変更は、生活保護の権利性を明確にしているといえる。

この事件の背景には、2007（平成19）年に小田原市で発生した傷害事件がある。これは、2007（平成19）年に、生活保護を廃止された男性が市役所内で職員2人にカッターナイフで切りつけた事件である。これをきっかけとして、当時の担当係長の発案で上記のジャンパーが作成された（寺久保2017:34）。
　このジャンパーが作成された目的は、「日々の業務量の多さに加え、前述の傷害事件をきっかけに、職員のモチベーションの低下があったことから、不正受給を許さないというメッセージを盛り込み、職員の連帯感を高揚させるため」であった（小田原市2017a:22）。ジャンパーは、作成から10年間にわたって着用された。また、その他にも関連するものとして、夏季業務中に着用するポロシャツ、フリース、半袖シャツ、携帯ストラップ、マグカップ、マウスパッド、Tシャツ、ボールペンなど多様な物品が作製された（小田原市2017b:48-50）。
　これらの慣行が約10年間継続した理由を、現場の生活保護ソーシャルワーカーに対し問うたアンケート調査では、「文言について気にしていなかったため（慣習となっていたため）」が平成19年在籍者で32%、平成20年以降の在籍者で57%となっており、「連帯感・士気の向上のために必要と感じていたため」が平成19年在籍者で58%、平成20年以降在籍者で35%となっている（小田原市2017c:55）。このアンケート結果からは、事件に関わる生活保護ソーシャルワーカーが有している罪悪感や問題意識が極めて薄いことがわかる。
　本章で取り上げているジャンパーは、生活保護ソーシャルワーカーが普段の業務中に身に着けていたものである。当該のジャンパーを着て業務を遂行することは、生活保護利用者にとってみれば、自身が生活保護を利用していることを周囲に知られてしまうリスクが発生することになる。生活保護は、利用者にスティグマを与える機能を制度内に内包しており、本来、生活保護ソーシャルワーカーは、利用者にそれを与えないよう配慮する必要がある。岡部卓は、生活保護ソーシャルワーカーが「利用者世帯を訪問する際には、不必要に周囲に知られることがないようにすること」を求め、その理由として、「利用者のプライバシー保護と他者からのいわれなき差別や偏見を防ぐためである」としている（岡部2017:23）。

また吉永純は、自身が生活保護ソーシャルワーカーとして働きはじめた頃、先輩から「役所名が記載されている自転車やバイクで家庭訪問する際には、役所からの訪問がわからないように、利用者宅から離れたところに駐輪しなければならない」とか、「アパートのドア越しに利用者としゃべると、周囲に保護を利用していることが丸わかりになるから、話は部屋に入ってからしないといけない」と、家庭訪問時の心構えを教えてもらったと述べている（吉永2017a:56）。当該事件の支援団体である「生活保護問題対策全国会議」の稲葉剛幹事も、「おそろいのジャンパーを着て保護家庭を訪問すると、近所に保護世帯をわかる。申請の抑制につながりかねない」と指摘している（朝日新聞2017年１月25日）。さらに、ここで取り上げた指摘は、ソーシャルワーカー養成のために作成されたDVD教材のなかでも行われている（奥川・渡部2002:18）。

上記の指摘は、生活保護ソーシャルワーカーが、その業務を遂行するなかで基本となる側面について、忘却もしくは無関心であったことの証左であるといえる。

小田原市では、事件発覚10ヶ月後の2017（平成29）年10月、「支援課通信」を生活保護利用者宅に配布した。それは、「生活に役立つ情報を盛り込みつつ、生活保護制度の説明や注意点を記載」しており、「利用者との対話に努める様子がうかがえる」とされている（朝日新聞2017年12月26日）。また、同市は、「生活保護行政に対する市民の意見箱を設置」（朝日新聞2017年７月５日）し、「生活保護利用者に配慮して、相談窓口に間仕切り」の設置を行った（読売新聞2018年５月１日）。このような取り組みは、事件を教訓として、よりよい生活保護行政を構築していこうとする意欲の表れであるといえよう。

これまで述べてきた小田原市の事件後における一連の取り組みは、他の地方自治体においてもモデルケースとして取り上げられている。例えば、福岡県八女市では、2019（平成31）年２月の議会において同事件が取り上げられ、小田原市が事件後に行った一連の改革が紹介された[1]。八女市は小田原ジャンパー事件の事件後における対応をモデルとして、生活保護ソーシャルワーカーが孤立をせずに業務を遂行していく職場環境ならびに、生活保護利用者に対するわ

かりやすい情報提供のあり方を模索している最中である。

６．小田原ジャンパー事件に対する公扶研の対応
　　―福祉川柳事件を想起する公扶研

　公扶研では、小田原ジャンパー事件発生後の2017（平成29）年２月19日に会長声明を公表している（吉永2017b:41）。そこでは、当該事件に対して許されないものであるとの認識が示された後、以下のように公扶研の立ち位置が述べられている。

　　この問題は、1993年に保護利用者を侮蔑した川柳を機関誌に掲載し、関係者や市民から批判を浴び、それらを真摯に受け止めて、それまでの活動の弱点を克服するため、常に利用者本位の姿勢を貫くことを活動の基調としてきた当会としてもけっして見過ごすことができないものです（吉永2017b:41）。

　また、この事件は小田原市だけの問題ではないことに留意する必要があり、二度とこのような事件が起きないよう、全面的な検証を行うことを強く要請するとの認識が示された後、以下のように会としての決意が述べられている。

　　私たち全国公的扶助研究会として、憲法や生活保護法に則り、利用者本位の生活保護行政や、支援のあり方について、小田原市も含めた全国の皆さんとともに考え、さらに研究活動を強める決意を表明するものです（吉永2017b:41）。

　小田原ジャンパー事件は、生活保護ソーシャルワーカーの「不正受給調査官化」という実態や、ワーカー自身が被害者意識にとらわれて、生活保護利用者の立場を考える余裕を失っていたという実態から、それは福祉川柳事件と相似

形をなすものといえる（吉永2017c:135）。

　公扶研では、2018（平成30）年の全国セミナー（東京）において、〈ケースワーカーと組織の倫理〉として「小田原ジャンパー事件が、生活保護現場に問いかけたもの」を分科会企画として実施した（全国公的扶助研究会・第51回公的扶助研究全国セミナー実行委員会編2018:23-34）。

　このように、小田原ジャンパー事件は福祉川柳事件を想起させ、改めて公扶研の立ち位置を確認させる機能を有しているといえる。小田原ジャンパー事件は、上記の通り公扶研が起こした事件ではないが、この事件では、事件の発生源である小田原市が事件後の対応において迅速に当事者である生活保護利用者を登場させた。このことは、公的扶助研究運動のあり方を考えるうえでも有益な事柄ではないかと考える。

【注】
1）八女市「議事日程第3号（平成31年2月26日）」https://www.city.yame.fukuoka.jp/material/files/group/22/H310226.pdf（2023年11月5日アクセス）。

【引用・参考文献】
朝日新聞（2006）「（丁々発止）「小泉改革」の5年とは　総務相・竹中平蔵さん」2006（平成18）年6月16日朝刊.
朝日新聞(2017a)「生活保護『なめんな』、市職員の服に　小田原市『不適切』とおわび、着用禁止」2017（平成29）年1月18日.
朝日新聞(2017b)「『ジャンパーは差別が差別を生んだ象徴』　小田原市生活保護問題で会見」2017（平成29）年4月19日（夕刊）.
朝日新聞(2017c)「41人、ジャンパー着て受給者訪問　生活保護問題検討会　小田原／神奈川県」2017（平成29）年3月1日.
朝日新聞(2017d)「保護制度の運用改善要請　小田原市に受給者支援団体／神奈川県」2017（平成29）年1月25日.
朝日新聞(2017e)「（回顧2017）小田原、生活保護改善探る／神奈川県」2017（平成29）年12月26日.
朝日新聞(2017f)「小田原の生活保護行政に意見箱＝神奈川」（横浜）2017（平成29）年7月5日.
朝日新聞(2018)「（憲法を考える）揺れる価値：3 弱者が弱者に『自己責任』」2018（平成30）年5月5日.
池谷秀登（2013）「生活保護における就労」池谷秀登編『生活保護と就労支援―福祉事務所におけ

る自立支援の実践』山吹書店.
池谷秀登(2017a)「生活保護の到達点と諸課題」『社会福祉研究』130.
池谷秀登(2017b)「生活保護における自立助長と自立支援」岡部卓・長友祐三・池谷秀登編『生活保護ソーシャルワークはいま―より良い実践を目指して』ミネルヴァ書房.
岩永理恵(2009)「生活保護制度における自立概念に関する一考察―自立支援および自立支援プログラムに関する論議を通して」『社会福祉学』49(4).
岩永理恵(2015)「生活保護と生活困窮者自立支援法の行方」『社会福祉』56.
I.Ferguson(2008)『RECLAIMING SOCIAL WORK』=(2012 石倉康次・市井吉興監訳『ソーシャルワークの復権―新自由主義への挑戦と社会正義の確立』明石書店.)
大友信勝(2006)「生活保護と自立支援」『社会福祉学』47(1).
大友信勝(2011)「2010年度学界回顧と展望 貧困・公的扶助部門」『社会福祉学』52(3).
大友信勝(2014a)「差別意識とその克服への視座」『社会福祉研究』121.
大友信勝(2014b)「生活保護『改革』とバッシング」『公的扶助研究』235.
岡部卓(2014)『新版 福祉事務所ソーシャルワーカー必携―生活保護における社会福祉実践』全国社会福祉協議会.
岡部卓(2016)「貧困・低所得者対策の動向」社会福祉士養成講座編集委員会編『低所得者に対する支援と生活保護制度(第4版)』中央法規.
岡部卓(2017)「脱・貧困に向けたソーシャルワーク」岡部卓・長友祐三・池谷秀登編『生活保護ソーシャルワークはいま―より良い実践を目指して』ミネルヴァ書房.
奥川幸子・渡部律子監修(2002)『面接への招待―核心をはずさない相談援助面接の技法 シナリオ』中央法規.
小田原市(2017a)「生活保護行政のあり方検討委員会報告書」『賃金と社会保障』1683.
小田原市(2017b)「生活保護における不適切な行為及びこれまでの対応」『賃金と社会保障』1679.
小田原市(2017c)「生活保護行政に関するアンケート結果(速報値)」『賃金と社会保障』1679.
堅田香織里(2018)「福祉政策再編における地域の『再生』と『共生』」『社会福祉研究』131.
堅田香織里(2021)「貧困の概念」一般社団法人 日本ソーシャルワーク教育学校連盟編『貧困に対する支援』中央法規.
金井郁・四方理人(2019)「就労支援の展開」駒村康平・田中聡一郎編『検証・新しいセーフティネット―生活困窮者自立支援制度と埼玉県アスポート事業の挑戦』新泉社.
金子充(2012)「生活保護とその関連施策における包摂と排除―他者化、不可視化、統治の論理を超えて」『社会福祉研究』114.
金子充(2018)「貧困・生活困窮者に向き合う実践に求められるケアの倫理―「保護なめんなジャンパー」問題を手がかりに」『ソーシャルワーク研究』44(3).
小久保哲郎(2017)「ジャンパー事件の背景、その後の経緯、そして改善への課題」生活保護問題対策全国会議編『「生活保護なめんな」ジャンパー事件から考える―絶望から生まれつつある希望』あけび書房.
小杉礼子(2006)「『格差社会』と若年労働」『社会福祉研究』97.

後藤広史（2009）「路上生活者（ホームレス）支援におけるジレンマの構造とその意義」本多勇・木下大生・後藤広史・國分正巳・野村聡・内田宏明『ソーシャルワーカーのジレンマ』筒井書房．
桜井啓太（2018）「2018年の引き下げについて」生活保護問題対策全国会議編『「生活保護法」から「生活保障法」へ』明石書店．
新保美香（2017）「現代的貧困の様相とソーシャルワークの課題―生活困窮者自立支援制度の展開から見えてきたこと」『ソーシャルワーク研究』42(4).
全国公的扶助研究会・第51回公的扶助研究全国セミナー実行委員会編（2018）『第51回公的扶助研究全国セミナー資料集』．
副田あけみ（2013）「ケースワーカーとクライエントの葛藤関係」副田義也編『シリーズ福祉社会学② 闘争性の福祉社会学―ドラマトゥルギーとして』東京大学出版会．
平将志（2022）「生活保護制度における福祉縮減と非難回避戦略―福祉縮減期を事例として」『社会福祉学』63(2).
田中秀和（2007）「格差社会と社会福祉士―若年労働との関連を中心に」『新潟医療福祉学会誌』7(1).
田中秀和（2011）「日本における格差・貧困に関する議論の動向―格差社会論から貧困論へ」『新潟医療福祉学会誌』10(2).
田中秀和（2017）「生活保護ケースワーカーを描いた漫画作品におけるソーシャルワーカー像の研究」『ソーシャルワーカー』16.
寺久保光良（2017）「深谷市『介護心中・殺人事件』と小田原市『なめんなジャンパー事件』」『賃金と社会保障』1679.
戸田典樹（2021）『公的扶助と自立論―最低生活保障に取り組む現場実践から』明石書店．
中村亮太（2016）「『生活保護バッシング』のレトリック―貧困報道にみる＜家族主義を纏った排除＞現象」『Core Ethics』12.
仁平典宏（2014）「社会保障―ネオリベラリズムと普遍主義のはざまで」小熊英二編『平成史【増補新版】』河出ブックス．
船水浩行（2016）「福祉事務所の成立と歴史的展開」宇山勝儀・船水浩行編『福祉事務所運営論（第4版）』ミネルヴァ書房．
毎日新聞(2017a)「小田原市：『生活保護なめんな』歴代職員64人がプリント上着」2017（平成29）年1月18日．
毎日新聞(2017b)「記者の目：小田原市『生活保護なめんな』問題＝西田真季子（生活報道部）」2017（平成29）年5月19日．
牧園清子（2017）『生活保護の社会学―自立・世帯・扶養』法律文化社．
水島宏明（2022）「『貧困』をめぐるテレビ報道はリーマンショック期からコロナショック期にかけてどう変容したのか―生活保護を中心に」『大原社会問題研究所雑誌』766.
三宅雄大（2021）「保護の動向」一般社団法人　日本ソーシャルワーク教育学校連盟編『貧困に対する支援』中央法規．

山田壮志郎(2017)「生活保護とソーシャルアクション―大衆誌報道に見る生活保護への価値意識」『社会福祉研究』129.
山田昌弘（2004）『希望格差社会―「負け組」の絶望感が日本を引き裂く』筑摩書房.
湯浅誠（2007）『貧困襲来』山吹書店.
湯浅誠（2008）『反貧困―「すべり台社会」からの脱出』岩波新書.
湯浅誠（2009）「派遣村は何を問いかけているのか」宇都宮健児・湯浅誠編『派遣村―何が問われているのか』岩波書店.
湯浅誠・仁平典宏（2018）「対談　貧困はどのように問題化されていったのか」丸山里美編『貧困問題の新地平―もやいの相談活動の軌跡』旬報社.
吉永純(2017a)「『小田原ジャンパー事件』克服の途　問われる生活保護行政」『経済』265.
吉永純（2017b）「小田原市における生活保護担当職員による不適切なジャンパーの着用等に対する会長声明」『公的扶助研究』245.
吉永純（2017c）「小田原市『生活保護行政のあり方検討会報告書』を片手に、利用者と『ともに命を輝かす』ケースワーカーに」生活保護問題対策全国会議編『「生活保護なめんな」ジャンパー事件から考える―絶望から生まれつつある希望』あけび書房.
読売新聞(2017)「生活保護『なめんな』　小田原　市職員、ジャンパーに文言　世帯訪問時に着用」2017（平成29）年1月17日（夕刊）.
読売新聞（2018）「小田原市　生活保護への対応改善　なめんな　ジャンパー問題＝神奈川（横浜）」2018（平成30）年5月1日.

第4章　福祉川柳事件と小田原ジャンパー事件の比較分析

　本章では、福祉川柳事件ならびに小田原ジャンパー事件における細部の比較を通して、公的扶助研究運動の課題と役割を明らかにする。

1．福祉川柳事件と小田原ジャンパー事件の相違点

（1）それぞれの事件における発生源について

　本章では、福祉川柳事件ならびに小田原ジャンパー事件の経過を再び追うことによって、それぞれの事件の違いをより深掘りすることで、双方の事件背景を明らかにし、事件の本質を探究する。

　まず、それぞれの事件を起こしたのは誰であったのかという問題がある。それに対する直接の回答を示すとすれば、福祉川柳事件の場合は、公的扶助研究全国連絡会（以下、公扶研連）に所属し、機関誌の編集を一手に任されていた特定の個人ということになる。

　一方、小田原ジャンパー事件の場合は、小田原市の福祉事務所に配属されていた地方公務員であり、事件に加担した者の総数は数え切れない。この回答は、事件をミクロの視点で眺めた場合には、事件の反省点は、個々の生活保護ソーシャルワーカーの道徳観や倫理意識に回収されることとなる。それぞれの事件の背景には、当事者である生活保護利用者に対する生活保護ソーシャルワーカーのパターナリズムがあり、それに無自覚であった生活保護ソーシャルワーカーが引き起こした事件という、いかにも全うな理解の仕方である。本研究では、上記のような理解は一定の説得力はあるものの、それのみでは不十分であるとする立場に立って議論を進める。

では、より深く両事件を分析した場合、そこにはなにが見えてくるのか。ここではまず、事件を発生させたとする人物が所属する組織の違いについて考察をしていく。福祉川柳事件は、公扶研連という自主的研究運動団体に所属するメンバーが引き起こしたものである。その事実を異なる角度から眺めたとき、それは所属する義務のない自主的研究運動団体に自ら所属を希望し、かつそのなかでも機関誌編集という重責を担うだけの意欲があるメンバーであるという見方が成立する。
　一方、小田原ジャンパー事件の場合、事件を引き起こした人物たちは小田原市に採用された地方公務員である。本研究のなかでも触れているように、生活保護ソーシャルワーカーの福祉職採用を行っている地方自治体は現状、少数にとどまっているなかで、多くの生活保護ソーシャルワーカーは自らの希望ではない人事政策によって、福祉事務所への配属が行われている。小田原市においても、このような人事慣行のなかで、福祉事務所に属する生活保護ソーシャルワーカーが、ジャンパー事件を引き起こしたのである。
　結果的には福祉川柳事件と小田原ジャンパー事件はともに、当事者である生活保護利用者に対して、生活保護ソーシャルワーカーとしてはあってはならない事象を引き起こしたわけであるが、その具体的な背景は異なっている。

（2）両事件における「ねじれ」の解明
―パターナリズムが表出されるメカニズムに着目して

　熱意ある生活保護ソーシャルワーカーが集結する公扶研連が、なぜ生活保護利用者の人権を踏みにじるような事件を起こしたのか。そこには、これまで述べてきたように、生活保護利用者に対するパターナリズムがある。また、ここで焦点化している小田原ジャンパー事件のなかにもパターナリズムは大きなウエイトを占めている。
　では、両事件におけるパターナリズムは同じ性質のものであろうか。筆者はそのように考えない。ここでは、両事件におけるそれぞれのパターナリズムが表出されるに至ったメカニズムを読み解くことによって、これらの事件の「ね

第4章　福祉川柳事件と小田原ジャンパー事件の比較分析

じれ」を解明していく。ここで筆者が述べる「ねじれ」とは、生活保護ソーシャルワーカーの人事政策と専門性をめぐる不一致である。また筆者は、そもそも制度政策に内包されているパターナリズムが、両事件のなかでは、それぞれに異なるメカニズムによって表出されたと考え、以下の論考を展開する。なお、ここでの両事件に関するメカニズム命名に関しては、副田義也（2008:1-74）を参照した。

　まず福祉川柳事件について、福祉川柳事件におけるパターナリズムが表出されるに至ったメカニズムを、「生活保護ソーシャルワーカーとクライエントの『不幸な関係』の中で滲み出た負の感情の表出」と名付けた。福祉川柳事件では、そもそも機関誌に掲載された川柳を、当事者である生活保護利用者が目にすることを全く想定していない。これらの川柳が掲載された意図は、辛い仕事を遂行しながら日々努力を重ねている公扶研連の仲間に向けた愚痴であり、息抜きであった。事件が社会問題化してはじめて公扶研連は、誌面の向こうにいる当事者の存在に気づいたのである。そのため、機関誌にこれらの川柳が掲載された意図として、当事者に対する悪意は存在しない。これまでの章で述べてきたように、公扶研連を構成するメンバーは、配転のリスクを背負っていたため、自らの身分の確保を重視する必要があった。そのため、公扶研連は労働組合としての側面を強調した運動を展開してきた。もちろん、公扶研連は、研究運動団体として、職能団体としての機能をもち、自らの専門性向上に努力をしてきた側面もある。しかし、それは生活保護ソーシャルワーカーの視点からみた専門性の向上であり、そこには当事者の視点が欠けていた。公扶研連は研究運動団体として、機関誌を通して「生活と人権の擁護」を図っていたといえる。これは秋山智久による援助専門職の専門性・専門職性・専門職制度に関する分類のなかでは、専門職性の理念・目的のひとつとして分類されているものである（秋山2007:117）。当事者の生活を守るため、種々の公的扶助政策に異を唱えてきた公扶研連のメンバーは、その想いを形にすることができず、逆に当事者を侮辱する川柳を機関誌に掲載してしまったことによって、当事者との『不幸な関係』を表出することとなった。それは、特定の個人に対し、組織が機関誌

編集作業を任せきりにする体制を長年にわたって放置していたためであり、公扶研連という組織のあり方が問われるものであった。

　公的扶助研究運動は、そもそも現状を肯定するスタンスでは成立しない。研究運動を含む社会運動は、今ある制度や政策に違和感をもち、それを改善したいと願う者たちが集結して成り立つものである。そのため、公扶研連が行う運動は、当時の公的扶助政策に対して、異を唱えることを基本スタイルとしていた。当時から現在に至るまで、日本の公的扶助政策は、幾度も生活保護「適正化」政策を繰り返し、生活保護の漏救よりも濫救を防ぐことにその主眼が置かれてきた。生活保護「適正化」政策が実施されることは、要保護者を生活保護から排除することに繋がるもののみならず、生活保護に対するスティグマを強化する。このような事態に異を唱え、生活保護を必要とする人が、それを自らの権利として利用することができるように、サポートする取り組みを福祉川柳事件以前の公扶研連は、機関誌等を通して実施してきたのである。

　本研究において述べてきたように、公扶研連は福祉川柳事件後の対応のなかで、編集責任者を解任し、事務局長が辞任することで幕引きを図った。しかし、このような対応は事件の責任を個人に担わせることになり、事件の関係者を一掃することに終始するものであり、事件の深層に迫る対応ではない。福祉川柳事件後の対応において、社会に対して生活保護ソーシャルワーカーが置かれている職場環境や、その人事システムについての提言が行われていれば、小田原ジャンパー事件のような福祉川柳事件に類似する事件は発生しなかった可能性がある。その意味では、公扶研連が懸命に取り組んだ事件後の反省という歴史は、社会のなかで十分に引き継がれることがなかったといえる。

　これまでの章で述べてきたように、生活保護利用者は当事者同士の横のつながりが構築しづらく、社会的プレッシャーグループ（利益団体）をもちにくい。そのため、生活保護ソーシャルワーカーは、個々の生活保護利用者が抱えている困難や要望については把握をすることができても、それを制度や政策の課題として改善策を提示していくことには困難が伴う。本研究のなかでも述べてきたように、障害者は自ら積極的に当事者グループを形成し、主体的に要望を地

方自治体や国に提出してきた。一方、生活保護を利用することは、日本社会においてはスティグマを伴うものであり、生活保護利用者が自らに対して肯定的アイデンティティを保持しながら生活していくことは難しい。パターナリズムの存在に公扶研連が気づいたとき、それは、生活保護利用者という当事者の権利を擁護していくためのシステム作りに向けた歩みをスタートする好機であった。

　またそれは、福祉川柳を詠むことによってストレス発散をせざるを得ない生活保護ソーシャルワーカーのあり方を考えるチャンスでもあった。なぜ、福祉川柳が詠まれ、それをみた公扶研連の機関誌編集責任者は、それを興味が注がれるものとして肯定的な評価を下したのか。この背景には、生活保護ソーシャルワーカーが意欲をもって仕事と向き合うことを困難にする種々の要因が存在しているのではないか。そのひとつは、これまでの章においても述べてきたように、生活保護ソーシャルワーカーをめぐる人事システムが、多くの地方自治体において一般職採用の者を福祉事務所に配属している現状がある。それに加えて、福祉事務所における生活保護ソーシャルワーカーは異動が多く、実践者としての経験値が現場のなかで蓄積されにくい。そのため、実践者が生活保護ソーシャルワーカーとして成長してくための基盤が整えられることが課題となる。公扶研連は、福祉川柳事件以前の1982（昭和57）年から全国セミナーのなかで、新人向けの研修をスタートさせた（大友2000:123-124）。しかし、この取り組みは年に1回であった。福祉川柳事件の衝撃を公扶研連が受けたとき、その教訓として、生活保護ソーシャルワーカーのための体系的な研修プログラムを構築することができていれば、その後の生活保護ソーシャルワーカーをめぐる歴史は変化していた可能性がある。

　一方、小田原ジャンパー事件におけるパターナリズムが表出されるに至ったのは、「『権力正当化』メカニズムの表出」によるものである。

　小田原ジャンパー事件は、明確に当事者の存在を認めたうえで、それに対して威圧を与え、脅威となることを目指したものである。これは、小田原市が生活保護ソーシャルワーカーの有する権力を正当化するメカニズムを表出したこ

とに起因する。

　かつて、E.グリーンウッド（Greenwood.E. 1910～2004）は社会福祉専門職の5つの要件（①体系的な理論、②専門職的権威、③社会的承認、④倫理綱領、⑤専門的副次文化）のひとつに「専門職的権威」を挙げた。これは、生活保護利用者が専門家に対して権威を委ねることによって、そこから安心感を得るとする考え方である（秋山2007:100）。そこでは生活保護利用者に選択権はない。それに該当する者が行えるのは、専門家の指示に従うのみである。小田原ジャンパー事件は、このような専門職的権威を悪用したものといえる。生活保護ソーシャルワーカーは生活保護利用者に対し、経済的給付の有無を決定する裁量をもっている。その裁量は、グリーンウッドが述べている権威ともなるものである。なぜなら、生活保護利用者は生活保護ソーシャルワーカーの指導・指示に従うことが求められ、それに従わない場合は生活保護の支給を行わない、もしくは生活保護の支給を停止する裁量が生活保護ソーシャルワーカーには認められているからである。

　また、小田原ジャンパー事件の深層には、生活保護ソーシャルワーカーの専門的権威を用いることで、生活保護利用者に対するスティグマをより強化する働きが存在している。生活保護制度は、社会扶助のひとつであり、そこに求められている機能は救貧である。そのため、本人からの一定の拠出を前提とする社会保険制度とは異なり、生活保護制度は、健康で文化的な最低限度の生活が維持できなくなったとき、全額公費によってまかなわれるものである。そのため、生活保護を利用することは、生活保護利用者に対してスティグマを与えやすい。小田原ジャンパー事件のなかで、「生活保護なめんな」と書かれたジャンパーを生活保護ソーシャルワーカーが着用していたことが明らかになったが、これは制度に則って生活保護を利用している者を萎縮させる機能をもつ。そのことは、生活保護の利用者の発言力を減退させ、個々の生活保護利用者同士が繋がる機会を減少させる結果になる。小田原ジャンパー事件を、これまでの公的扶助政策と絡めて考えたとき、そこにある目的は、生活保護の濫救を防ぐこと、すなわち生活保護の水際作戦であった。

小田原ジャンパー事件は、それが全国に報道されることによって、現在、生活保護を利用している者が、より肩身の狭い想いをし、スティグマを背負う側面も有していたのである。社会的プレッシャーグループをもちにくい生活保護利用者は、当該事件によって、その側面をより強めざるを得ない状況に追い込まれることとなった。しかし、このような事態は、福祉川柳事件の教訓と反省のなかでも課題として提示されてきたことである。福祉川柳事件が一過性の社会問題として取り上げられ、事件の教訓と反省が十分に活かされなかったことは、小田原ジャンパー事件の遠因となっている。

（3）なぜ小田原市は事件後の対応を迅速に行うことができたのか

これまで述べてきたように、小田原ジャンパー事件は社会問題化され、種々の課題点が明らかにされたが、事件後における小田原市の迅速な対応は特筆されるべきところである。本研究のなかで明らかにしたように、小田原市は事件後の対応のなかで、元生活保護利用者を検討会のなかに参画させ、当事者の声に耳を傾ける姿勢を示した。これは事件の発生箇所が特定の地方自治体であり、福祉川柳事件のような自主的研究運動団体が起こした事件とはその背景が異なるという側面がある。しかし、事件後における小田原市の対応は生活保護利用者に対して、真摯な姿勢で当該事件の深層を究明する姿勢を示している。小田原市は、事件後に発出した「あり方検討会報告書」のなかで、今後の取り組みとして、まずは当事者の声を聴くことから始め、生活保護利用者の視点に立った生活保護業務の見直しとして、相談窓口や保護のしおりの見直しを行うとともに、援助のあり方を改善することを述べている。具体的には、当事者に対して無記名のアンケートを実施することや、ご意見箱等を設けること、執務室のレイアウトや環境整備、面接室の増設、生活保護の利用につながる情報を提供するという視点をもった保護のしおり作成等である（小田原市2017:45-63）。小田原市のこのような事件発覚前後の姿勢の相違はなぜ生まれたのか。そこには種々の理由が考えられるが、本研究では、それを福祉川柳事件との関連のなかで考察していく。

小田原ジャンパー事件の背景には、本章のなかで述べてきたように生活保護利用者が市役所で起こした事件がある。そこから、ジャンパー製作を通して、パターナリズム表出の素地が形成されていく。小田原ジャンパー事件では、明確に威圧を与えるための対象者が意識されている。これは、「他者化」のプロセスを進める効力をもち、小田原市は生活保護利用者とそれ以外の者との間を分断する政策を断行したといえる。また、小田原ジャンパー事件がジャンパー着用後から約10年間にわたって発覚しなかった背景には、本研究のなかで述べてきている生活保護ソーシャルワーカーをめぐる人事政策がある。この政策が継続されてきた背景には、それに疑問をもたない職場環境があった。なぜこのようなパターナリズムが継続されてきたのか。その背景には、生活保護ソーシャルワーカーの専門性を軽視してきた行政システムが存在する。
　小田原市は、事件発覚後すぐに事件の反省と制度を改めるための努力を行った。もちろん、公扶研連も福祉川柳事件後すぐに種々の対応を行ってきたことは本研究のなかで述べてきた通りである。ここで浮かび上がるのは、自主的研究運動団体という全国公的扶助研究会（以下、公扶研）の独特の位置づけである。福祉川柳事件と小田原ジャンパー事件を比較したとき、これまで述べてきたように、そこには双方に性質の異なるパターナリズムが存在した。それらについて、小田原市のパターナリズムには生活保護利用者という明確に定まった当事者がいた。その当事者に対し、生活保護の利用の可否や、その後の生活保護ソーシャルワーク業務を直接差配できる立場として小田原市は存在していた。そのため、事件発生後に反省を行う姿勢があれば、市のシステムを迅速に改善できる権限が小田原市にはあったのである。

２．考察 ―当事者不在に直面した公扶研に課せられた課題とその後の変化

　本研究では福祉川柳事件ならびに小田原ジャンパー事件を題材として、福祉川柳事件の教訓が社会のなかで十分に引き継がれなかったことが遠因となって小田原ジャンパー事件が発生したことを述べた。公扶研は両事件を通して当事

者不在に直面し、それへの対応を図ってきた。ここでは、その反省を行うなかで抽出された課題点である研究運動団体と当事者との関係について整理をしていく。

（1）自らの弱点を自覚し、当事者と向き合おうとする公扶研

　本研究におけるインタビューデータからは、福祉川柳事件の反省から当事者である生活保護利用者と向き合おうとする姿勢が浮かび上がる。それは、生活保護ソーシャルワーカーが絶対権力者であるという自覚をもち、当事者を研究運動のなかに組み込もうとするものである。

　社会福祉の発展過程のなかでは、援助を受ける側の視点がないことが問題視されてきた。それは、援助を受ける者は社会的弱者であり、いかなる援助を行うのかを決定するのは援助者であり、援助がもたらす効果は、援助を受ける側にとって良いものであることが自明視されてきたということである（岩崎2018:164）。

　そのなかで、社会福祉学では、支援を行う者と支援を受ける者との間における情報の非対称性が批判の対象となってきた。それは、情報の非対称性がある両者の関係がしばしば権力関係に転化するからであるとされる（児島2002:250-251）。また、社会福祉実践は元来、ひとを「私たち」と他者に（理性的で合理的な「ひと」としてみなされる者と、そのような存在であることを期待されながらも現実には社会参加を阻まれている者とに）分割する機能を内在させているとされる（児島2015: ⅲ）。「利用者」（支援を受ける者）を「他者化」する機能を社会福祉実践は構造的に宿しているのである（児島2015: ⅲ）。

　ルース・リスター（R.Lister）によると、「他者化」とは「貧困者」が様々な面で社会の他の成員と異なった扱われ方をする際の、その扱われ方を意味しているものであるという。それは固有のものではなく、「非貧困者」が動かしている進行中のプロセスであり、そこには差異化と境界決定のふたつが存在している。これによって「我ら」と「彼ら」は、力の強い者と弱い者の間に線が引かれ、それが社会的な距離の確立を生み出し、維持されていく（R.Lister 2004＝

2011:148)。「他者化」にはネガティブな価値判断が染みついており、これが「貧困者」を道徳汚染の根源、脅威、「救済に値しない」経済的お荷物、哀れみの対象、果ては外来種など様々なものとして構成していくとされる（R.Lister 2004＝2011:148-149）。リスターによると、「他者化」は「我ら」（貧困ではない者）にとっては自己を定義し、アイデンティティを確認する助けになるという。一方、「彼ら」（貧困者）については、ステレオタイプ化された特徴に矮小化することで、社会的・文化的アイデンティティを奪う（R.Lister 2004＝2011:150）。「他者化」は、「我ら」と「彼ら」の間に権力関係を生み出し、不平等が先鋭化すればするほど、それが顕著になる。また、「他者化」は、他者が「自分自身を名づけ、定義する権利」を否定する場合があり、「貧困者」と名づけることは、権力的な行為であるとされる（R.Lister 2004＝2011:151）。

　佐藤裕は「他者化」とは、他者のカテゴリーではなく、他者という記号を共有する「われわれ」のカテゴリー化であると述べている（佐藤2018:66）。ここに登場する「われわれ」は「排除をする側」を指し、それは、ある社会的カテゴリー「ではない」ということを共通点として構成される（佐藤2018:61）。

　一方、支援者と支援を受ける者の間にあるパターナリズムに関して、樋澤吉彦は以下のようにパターナリステックな介入を条件つきで認めている。

　　①「社会福祉や医療の場面における支援／介入は多分にパターナリスティックな要素を含んでおり、またその介入を行うためにはそれなりの関係構築が必要であり」、「その関係構築にはそれ相当の時間と労力が必要である」（樋澤2005a:87）。

　　②「支援する側の優位は、必要以上の介入／干渉を誘引するか、あるいは反対に必要以上に自己決定を特権化しそれが不可能な者を抑圧するという事態を引き起こしやすくなる。後者の関係を深めるためには、当人と支援する者との間には常（に）「自己決定」に対する認識のズレが生じるということを意識しつつ、自己決定と支援の「境界」をどこに設定するかということを検討する必要がある（樋澤2005b:113）。（括弧内は筆者による加

筆)

　③「当該個人の状況に応じた正当化要件をふまえた条件付きのパターナリスティックな介入は、ソーシャルワークにおける自己決定支援に必要不可欠である」（樋澤2008:43）。

　生活保護ソーシャルワーカーと生活保護利用者の間における権力に言及している岩永理恵は、生活保護の支援者と被支援者とは権力関係から逃れられないと述べている（岩永2019:21）。そのなかでも、「葛藤と両義性に特徴づけられた主体であるおのれを自覚すること」（児島2015: iv）が生活保護ソーシャルワーカーには求められている。
　これらの指摘は、これまで本研究のなかで明らかにしてきたように、生活保護ソーシャルワーカーは自身の自覚の有無に関わらず、権力が付与されており、その結果パターナリズムに陥る側面を有していて、そこから逃れることはできないことを裏付けるものである。本研究によるインタビューでは、この難解な課題に対して、福祉川柳事件を経験した公扶研メンバーが、自らの属する組織の弱点を自覚しながら当事者との関係を模索していることが明らかになった。
　公扶研は今後、当事者との関係を構築していくうえで、今まで以上に全国セミナーや機関誌等のなかで当事者の声を聴く機会を設ける必要性がある。それは、結果的に社会的プレッシャーグループをもちにくい生活保護利用者同士の組織形成をサポートすることに繋がるものである。

（２）社会運動団体同士の連携を模索する公扶研

　インタビュー調査からは、公扶研の存在意義や、生活保護ソーシャルワーカーの当事者に対するパターナリズムを問うやりとりのなかで、他の社会運動団体との連携の重要性が語られた。インタビューのなかでは、「生活と健康を守る会」（以下、生健会）と呼ばれる組織が登場する。生健会は、1950年前後に全国各地で誕生した「貧困者」「生活困窮者」「低所得者」、すなわち貧困問題の当事者を中心とする住民組織である。1954（昭和29）年には、各地の守る会をつな

ぐ全国組織「全国生活と健康を守る会連合会」（以下、全生連）が発足した。全生連は、創立以来、現在に至るまで「人間らしく生きること（生存権保障）」を求めて運動をひろげ、国や自治体に暮らしに役立つ、たくさんの制度を実施・改善させてきた歴史を有する（佐々木2022:29）。

　各地域の生健会は、組織が3つ以上集まって「県連」を構成する。この県連の連合体が全生連であり、これは組織内においては「中央」と呼ばれている（広田2022:21-30）。全生連はもともと「健康を守る会」と「生活を守る会」のふたつの流れがあったが、1965（昭和40）年の全国総会において両者の統一が図られた。そこでは、全生連は自らの組織を「生活と健康、権利の保障を国と自治体、大資本に要求してたたかう組織」として規定した（全国生活と健康を守る会連合会編2004:48）。

　上記のように、生健会は、貧困という課題に向き合う当事者と向き合ってきた歴史を有する。本研究におけるインタビュー調査のなかでも語られたように、公扶研は福祉川柳事件発生以前から当該組織とのつながりをもってきた。インタビューでは生健会等、公扶研と他の社会運動団体との連携の必要性が語られているが、そこにある視点は、このような当事者団体と連携することが自主的研究運動団体としての公扶研の意義を見出せるポイントであるということである。

　公扶研は、主に生活保護ソーシャルワークを実践している人物一人ひとりが構成メンバーとして運営されている。このメンバーらは、これまで明らかにしてきたように、生活保護ソーシャルワークに意欲があり、よりよい当事者の生活を願う熱意がある者たちである。それら個々のメンバーが、日々の実践のなかで感じる制度への異議申立てや、当事者との向き合い方についての悩みを公扶研は研究運動団体として吸収し、社会に働きかけることが求められている。その際、公扶研は研究運動団体という組織の特徴から、当事者の視点から運動を進めることが困難であったという歴史がある。インタビュー調査のなかで語られた、社会運動団体同士の連携の重要性は、それを実行することが生活保護ソーシャルワーカーという権力を握った実践者を主な構成メンバーとする公扶

研の弱点を補う働きをする可能性を示唆する。

　一方、インタビュー調査から明らかになったように、生健会の運動は、生活保護ソーシャルワーカーの視点から眺めたとき、煙たい側面を有する。それは、当該団体が生活保護ソーシャルワーカーの仕事について批判的な視点から言動を行う場合があるからである。当事者の生活をよりよいものにしていきたいという目的は共通している公扶研と生健会であるが、生健会という当事者団体からみえる生活保護ソーシャルワーカーは権力を握った存在であり、ときにはそれが当事者の生活を脅かす危険性を有するものとして映る。ここに公扶研が他の社会運動団体と連携していくうえでの困難さがある。

　しかし、インタビューのなかで語られているように、今日の公扶研が向かっているベクトル（考え方の方向性）は、福祉川柳事件への反省をひとつの起点として、生健会をはじめとする他の社会運動団体と連携をしていく方向にあることが明らかになった。公扶研が社会運動団体同士の連携を模索することは、すなわち多様な支援者とのつながりをより広げ、当事者が置かれている貧困の実態に対して、多角的な視点からサポートを実施することが可能になるのである。

【引用・参考文献】
秋山智久（2007）『社会福祉専門職の研究』ミネルヴァ書房.
岩崎晋也（2018）『福祉原理―社会はなぜ他者を援助する仕組みを作ってきたのか』有斐閣.
岩永理恵（2019）「生活保護・生活困窮者支援におけるソーシャルワーカーの実践と『非対称性』の課題」『ソーシャルワーク実践研究』10.
大友信勝（2000）『公的扶助の展開―公的扶助研究運動と生活保護行政の歩み』旬報社.
小田原市（2017）「生活保護行政のあり方検討会報告書」生活保護問題対策全国会議編『「生活保護なめんな」ジャンパー事件から考える』あけび書房.
児島亜紀子（2002）「誰が『自己決定』するのか―援助者の責任と迷い」古川孝順・岩崎晋也・稲沢公一・児島亜紀子『援助するということ―社会福祉実践を支える価値規範を問う』有斐閣.
児島亜紀子（2015）「まえがき」児島亜紀子編『社会福祉実践における主体性を尊重した対等な関わりは可能か―利用者-援助者関係を考える』ミネルヴァ書房.
佐々木宏（2022）「戦後日本において貧困問題の当事者運動はどう語られてきたのか―『生活と健康を守る会』運動を事例に」『社会文化論集』17.

佐藤裕（2018）『新版　差別論―偏見理論批判』明石書店．
全国生活と健康を守る会連合会編（2004）『全生連運動の50年―21世紀に羽ばたく憲法を暮らしと平和に生かした生存権運動のあゆみ』全国生活と健康を守る会連合会．
副田義也（2008）『福祉社会学宣言』岩波書店．
樋澤吉彦（2005a）「『同意』は介入の根拠足り得るか？―パターナリズム正当化原理の検討を通して」『新潟青陵大学紀要』5．
樋澤吉彦（2005b）「『自己決定／自律』および『自己決定権』についての基礎的考察―支援／介入の観点から」『Core Ethics』1．
樋澤吉彦（2008）「社会福祉的支援の根拠について」『長野大学紀要』30(1)．
広田敏雄（2022）「私の『生活と健康を守る会』活動」『医療福祉政策研究』5(1)．
R.Lister（2004）『POVERTY(1st Edition)』＝（2011 松本伊智朗・立木勝訳『貧困とはなにか―概念・言説・ポリティクス』明石書店．）

第5章　当事者との関係を模索する公的扶助研究運動

―生活保護ソーシャルワーカーの役割に関する公扶研の見解と対応

　本章では、公的扶助研究運動が、生活保護ソーシャルワーカーの役割をどのように捉えてきたのかについて焦点を当てて論述を進めていく。当事者不在を研究運動の課題として抱えてきた公的扶助研究運動は、それを一因として福祉川柳事件を引き起こした。そこでは、生活保護ソーシャルワーカーの生活保護利用者に対するパターナリズムが指摘されてきた。では、公的扶助研究運動は、生活保護ソーシャルワーカーと生活保護利用者間に生じる権力関係やパターナリズムの危険性をどのように認識し、今日までその歩みを続けてきたのであろうか。それを明らかにするための材料として、本章においては、公扶研内部で行われてきた論争ならびに、近年議論が展開されている生活保護ソーシャルワーカー業務外部委託化政策に対する公扶研の対応を取り上げる。

1．生活保護ソーシャルワーカーの役割をめぐる議論の歴史
　　　―その曖昧な位置づけ

　生活保護ソーシャルワーカーの役割をめぐる議論は、今日に始まったものではない。それは、福祉事務所の生活保護ソーシャルワーカーを対象として創設された社会福祉主事任用資格制度が開始された1950年代から議論の的になってきたテーマである。ここでは、これまでの当該問題に関する歴史を考察する。
　伊藤淑子は、社会福祉主事制度について、出発したときから2点の課題を負っていたという。その1点目は、専門性がきわめて曖昧なまま、官僚機構のなかに位置づけられたことである。2点目は、専門性が曖昧な一方で社会福祉主

事が「ケースワーカー」と称され、公的扶助の支給とケースワークという、宿命的に背反する2つの役割を負ったことを挙げている（伊藤1996:246）。杉村宏は、公的扶助ソーシャルワーカーとしての社会福祉主事は、制度創設時から生活保護「適正化」政策の推進役を担わされ、生活保護利用者の生活実態との間の板挟みに置かれていたと述べている（杉村2011:6-7）。村田隆史は、社会福祉主事の創設は、様々な利害関係があるなかでの妥協の産物であったとしている。ここでの利害関係とは、同資格創設に携わった黒木利克と、当時の自治庁、大蔵省、全日本民生委員連盟との対立である。アメリカで社会福祉を学んだ黒木は、市町村から独立した福祉事務所を設置し、そこにジェネリックワーカー、スペシフィックワーカー、スーパーバイザーを置くことを構想していたが、自治庁、大蔵省、全日本民生委員連盟などが、行政に社会福祉専門職を配置することに強く反対したため、妥協を余儀なくされた（村田2018:262-263）。そのため、社会福祉主事の専門性や生活保護ソーシャルワーカーとは何かを問う議論は、その後においても何度も繰り返し行われることとなった。

　生活保護ソーシャルワーカーの役割をめぐって、日本の社会福祉学のなかで繰り広げられた著名な論争に本研究のなかでも言及した「仲村・岸論争」がある。「仲村・岸論争」の焦点は、前述した通り、「生活保護法第1条の解釈、つまり『最低限度の生活を保障する（最低生活保障A）』と『自立を助長する（自立助長B）』との位置づけをめぐるものである」（加藤2005:88）。生活保護ソーシャルワーカーの役割を重視する、当時、日本社会事業短期大学教授であった仲村優一と、公的扶助とケースワーク（今日のソーシャルワーク）の厳格な分離を強調した、当時、中部社会事業短期大学教授であった岸勇との論争は、「『心情的』『教条的』アプローチであり、日本の公的扶助対象者の持っている『客観的事実関係』の把握より出発した理論」ではなかったため、発展しなかった（白沢1968:132）。また、「両者は問題のたて方、その解決の次元において根本的に異なる」（小倉1962:187）ため、議論がかみ合わない側面もあったとされる。しかし、今日においてもこの論争が問いかけた問いは色褪せていない（楢府2022:1-9）。

第5章　当事者との関係を模索する公的扶助研究運動

　本研究において着目している全国公的扶助研究会（以下、公扶研）は、これまでの章で述べてきたように、その前身を公的扶助研究全国連絡会（以下、公扶研連）と名乗り運動を展開していた。公扶研連の第1回全国セミナーは、1963（昭和38）年に行われたが、その際の大会テーマは「公的扶助ケースワーカーはいかにあるべきか―仲村・岸論争をめぐって」であり、当該論争は結果的に、公的扶助とケースワーク（今日のソーシャルワーク）にかかわる研究運動の成立を促したとされる（大友2016:21）。

　上記の論争は、明確な決着をみないまま終了し、論争を繰り広げた両者はすでに故人となっている。その後も、雑誌『賃金と社会保障』や公扶研セミナー等で、生活保護の「分離論」を主張する清水浩一と「一体論（統合論）」を主張する吉永純らの間で論争が繰り広げられたものの（牧園2017:145-146）、これも上記の「仲村・岸論争」同様に明確な結論は出ていない。さらに近年では、生活保護における自立の助長基本原理に従って、それを遂行するためには「保護の実施のみならず、ケースワーク支援が特に必要となるというのが、現代の社会福祉援助技術における通説」との見解もあるが、これについても上記同様にひとつの見解が定まったわけではない（武井2022:60）。

　生活保護ソーシャルワーカーの任用資格として誕生した社会福祉主事任用資格は、その役割や専門性をめぐって、様々な課題を抱えたまま今日に至っている（坂下・田中2011:79-94）、（田中2017:4-15）、（田中2021:15-27）。

　一方、アメリカでは1950年代まで現金給付とケースワーク（今日のソーシャルワーク）は伝統的に不可分のものとして位置づいてきた（木下2011:85）。その後、1960年代からは現金給付とケースワーク（今日のソーシャルワーク）は分離が主張されるようになる。これらを分離をした方がよりよいサービスを利用者に提供できるとする主張が、徐々に採用されるようになっていった。1960年代には分離の推進が行われ、連邦政府も分離を後押しした。

　しかし、ケースワーク（今日のソーシャルワーク）分離型はクライエントのサービス要求を減少させ、かつクライエントの満足度も下げる可能性が指摘されている（木下2011:90）。また、現金給付業務は簡素化されるどころか、ます

ます複雑化した（木下2011:92）。現在、アメリカにおける公的扶助では、ソーシャルワーカーの専門性はあまり必要とされていないとされる（木下2018:68）。この背景には、日本とアメリカの雇用環境の相違がある。

　日本社会における正規雇用は、メンバーシップ型であり職務、勤務地、労働時間が無限定であることを原則とする（濱口2013）。一方、アメリカの雇用はジョブ型であり職務、勤務地、労働時間が限定されている。さらに、日本の労働環境は、大部屋主義であり、そこでは個別の専門性に基づいた判断よりも、組織的な協調を求められやすい。アメリカのソーシャルワーカーは小部屋主義であり、それぞれの労働者の独立性が認められているのである（木下2018:69-70）。

　イギリスでは、ベバリッジ改革に並行して、公的扶助とソーシャルワークは明確に切断されていた（伊藤1996:246）。イギリスにおける公的扶助は、経済給付とサービス給付（ケースワークを含む相談やサービスの提供部門）は機関として明確に分離されている（六波羅1991:141）。

　上記のように、日本における生活保護ソーシャルワーカーの役割は明確な解答が出ないまま今日に至っているが、アメリカやイギリスでは歴史のなかにおいて、経済的給付とソーシャルワークは明確に分離されてきたことがわかる。その背景には、日本におけるメンバーシップ型雇用や大部屋主義という文化的特徴がある。日本の官僚制には明治期より個室はなく、それが現在にまで至っている（小熊2019:296）。このような文化的差異があるなかで、日本でもアメリカやイギリスと同様に経済的給付とソーシャルワークの分離を進めることが望ましいのであろうか。

　以下では、当該政策に対して公扶研がいかなる対応をしてきたのかについて議論を深めていく。その際、公扶研内部において2000年代に巻き起こった生活保護ソーシャルワーカーの役割をめぐる議論をまず追うことによって、公扶研が考える生活保護ソーシャルワーカーの位置づけについて、考察していく。

第5章　当事者との関係を模索する公的扶助研究運動

２．生活保護ソーシャルワーカーの役割をめぐる公扶研における論争
—分離論と統合論の間で

　2003（平成15）年の「生活保護制度の在り方に関する専門委員会」設置は、公扶研のなかで、生活保護ソーシャルワーカーの業務をめぐって論争を引き起こした。この時期をスタート地点とする生活保護行政の特徴を戸田典樹は以下のように述べている。

　　2000年代の生活保護行政は、稼働能力者を排除する、あるいは包摂するといった相反する自立論が常に展開されており、排除の流れは、厳しい財政状況を改善するために給付抑制政策を優先している。一方で、包摂の流れは、生活に困難を抱える人たちが生活保護制度を利用して新たな生き方にチャレンジできるよう、自立条件の整備を行うことを求めている（戸田2021:25）。

　上記のように公助の後退が見受けられるなかで、公扶研における生活保護ソーシャルワーカーの役割をめぐる論争の開始は、2003（平成15）年に開催された公的扶助研究セミナーであった（牧園2017:145）。
　上記の研究セミナーとは、2003（平成15）年2月7日に開催された第26回公的扶助研究関東ブロックセミナーにおける「シンポジウム　生活保護法『改正』を現場から考える」、ならびに同年5月25日に開催された公扶研2003年度総会記念シンポジウムである。
　これらのシンポジウムは、当時、生活保護法が施行後50年を迎え、改めて生活保護法が真にセーフティネットとして機能するために、法律改正の必要性や、生活保護における実施体制の問題点を考えるために開催された（全国公的扶助研究会2003a:4）。同年5月に開催されたシンポジウムは、同年2月に行われたブロックセミナーシンポジウムを受けて、ケースワーカーの役割（経済的給付・

ケースワーク等）を焦点として実施された（全国公的扶助研究会2003b:4）。これらでは、生活保護ソーシャルワーカーの役割をめぐって生活保護ソーシャルワークと経済的給付をともにワーカーが担うべきとする統合論と、それらを切り離すべきと考える分離論の論争が行われた。

（1）2003（平成15）年2月の公扶研論争

2003（平成15）年2月に開催されたブロックセミナーにおけるシンポジウムは、シンポジストとして林直久（京都市役所）、清水浩一（明治学院大学）、日比野正興（全国公的扶助研究会事務局長）、コーディネーターに杉村宏（全国公的扶助研究会会長・法政大学）を迎え行われた。

同シンポジウムは、討論『生活保護法「改正」論議をめぐって』をタイトルとして進められた。ここでは、生活保護ソーシャルワーカーの業務をめぐっての発言に着目して論を進める。

生活保護ソーシャルワーカー業務を分離すべきとする立場に立つ清水からは、公的扶助の守備範囲、ならびに自立助長に対する生活保護ソーシャルワーカーの関わりについて、以下のように発言が行われている。

　　公的扶助の守備範囲は、他の社会保障制度が対応できていなければ、生活保護がやらざるを得ないのです。本当は他の制度がしっかりして、公的扶助の守備範囲を少なくすべきですが、そうでなければ生活保護でやらざるを得ない。それだけの話です。

　　自立助長は大変大事な論議ですね。このケースワーク的な業務については基本的にはどんどん生活保護から分離させていくべきだと思います。ケースワーク的な援助を生保（生活保護）担当のケースワーカーがやるべきかどうかはまったく別の問題でして、私の見てきたアメリカの福祉事務所なんかですと、その人が生活保護を受けているかどうかなんて関係なしに、困っている人の相談に乗っています（杉村・林・清水・日比野2003:16）。
　　（括弧内は筆者による加筆）

第5章　当事者との関係を模索する公的扶助研究運動

　上記の発言は、生活保護ソーシャルワーカー業務の分離を主張する清水の立場がよく表れたものである。
　清水はスティグマに関するフロアからの質問に対しても、以下のように分離論を主張している。

　　（生活）保護の要件をもっと簡素化する、事務化するということをやって、ケースワーカーと保護の申請の関係をもっとドライに、一般市民と公務員の関係に持っていくことが必要だろうと、それによって（スティグマが）軽減されるだろうと考えます。（杉村・林・清水・日比野2003:17）。（括弧内は筆者による加筆）

　上記、清水の分離論に対して、日比野は、自身の意見を明確化せず戸惑いをみせている。それは、以下の発言に見受けられる。

　　経済給付をすることと、援助をすることは別々のことなのか、一緒でなければいけないのかは、正直言って私もわかっておりません。…少なくとも外部委託―外に出すということについては、まったく考えていません。これは自治体の責任だと考えていることについて付け加えたいと思います（杉村・林・清水・日比野2003:17）。

　以上のような論争が交わされたものの、ここでは生活保護ソーシャルワーカーの役割をめぐって明確な決着をみることはなかった。

（2）2003（平成15）年5月の公扶研論争

　上記のように、2003（平成15）年2月のシンポジウムで行われた論争では、生活保護ソーシャルワーカーの役割をめぐって、明確な決着をみることがなかった。この論争は、同年5月に開催された公扶研2003年度総会記念シンポジウ

ムへ引き継がれていく。同シンポジウムは、「生活保護法におけるソーシャル・ケースワークは、いかにあるべきか」と題されて実施された。シンポジストは、今村雅夫（京都市右京福祉事務所）、稲生久雄（東京都福祉局生活福祉部）、岡部卓（東京都立大学）、清水浩一（明治学院大学）、コーディネーターに杉村宏（全国公的扶助研究会会長・法政大学）を据えて行われた（全国公的扶助研究会2003b:4）。

最初の報告は今村から、『「自立」をどう捉えるか』とのタイトルで行われた（今村2003:4-6）。今村は生活保護が捉える自立観について、生活保護法制定当時の厚生省職員であった木村忠二郎と小山進次郎の意見の相違や、後年の「仲村・岸論争」について述べるなかで、現状の生活保護について、以下のように問題認識を表明している。

　　相談援助の仕事は本来、公的な責任のもとで行われるべきではないか、ということなのです。機能分離そのものは、きちんとした相談援助の仕事を公的責任で行うのであれば、経済給付業務を分離することも否定すべきではないのかなとは思うわけですが、今の自治体リストラの流れのなかでのアウトソーシングということになると、公的責任は放棄されるのではないか。生活保護の経済給付面についても実態はお粗末なまま残され、相談機能の方は乱暴な形でアウトソーシングされることになりかねないということを懸念せざるをえません（今村2003:6）。

上記、今村の発言は社会福祉サービス全般のアウトソーシングが進行する2000年代前半において、生活保護の現場においてもその流れは他人事ではなくなってきている現状を示している。2000（平成12）年に結実した社会福祉基礎構造改革は、社会福祉サービスの利用方法をそれまでの措置から契約へと移行するとともに、サービス供給体制の多元化も進行させた。それは、それまで地方自治体や社会福祉法人等が担っていたサービスを株式会社等へ委託することを可能なものとする制度変更であった。このような現状について、上記、今村の発

言は相談援助業務に対する危機感が表明されたものである。

　社会福祉基礎構造改革以降の社会福祉は、これまでの章において述べてきたように、利用者を自立した尊厳のある個人と捉える見方を提供し、よりよいサービスを多様な供給主体が担うという理念を提示した。しかしその一方で、供給主体の多元化は、公的機関等が容易にサービスを他の供給主体へ丸投げすること、すなわち公助の後退の危険性を併せ持つものである。上記、今村の発言は、まさに公助の後退を憂いたものであるといえよう。

　続いての報告は、「ケースワークの概念をどう整理するか」とのタイトルで、稲生から行われた（稲生2003:7-9）。稲生からの報告は、生活保護ソーシャルワーカー業務の分離論に立ち行われた。稲生は、生活保護ソーシャルワーカー業務の分離論、統合論との言葉だけを切り取ればどちらの立場でもないと前置きをしたうえで、「生活保護制度自体は経済保障と自立助長がワンセットであり、そういう意味からすれば、経済給付とケースワークもワンセットなんです」（稲生2003:7）と発言している。

　しかし、ここで稲生が懸念するのは、「ケースワークの概念規定が明確になっていない」（稲生2003:7）ことである。稲生は、ケースワーク業務の広範性を取り上げ、それが時には、利用者に対する監視に転化し、結果的に今日における生活保護捕捉率の低さに繋がっているとの見解を示している。これらを踏まえ、稲生は以下のように生活保護ソーシャルワーク業務の分離を提案している。

　　被保護者に対する「ケースワーク」を地区担当員が行うべきなのか？　福祉事務所がこの「ケースワーク」の重たさで最低生活を保障する経済給付が的確にできないとしたら福祉事務所の外に「ケースワーク業務」を出してはどうか？　また、そうしないと、入ってきた人に対しても、地区担当員が行う「ケースワーク」は「生活保護を受給していることが、居心地悪くさせる装置」にしかなっていかない（稲生2003:8）。

　稲生の発言は、「ケースワーク」という用語をどのように捉えるかの課題提起

であり、また、そこに付随する権力性を懸念するものである。ここで、「ケースワーク」を担うワーカーを専門職と捉え、利用者との関係を考えるならば、そこには、情報の非対称性やパターナリズムの課題が常に問われることとなる。それは、利用者に「自立」もしくは「自律」を促す立場にあるワーカーが援助を展開することは、すなわち利用者の「自立」もしくは「自律」を脅かす可能性を有しており、援助の正当性を掘り崩す懸念があるということである（岩崎2002:78-79）。「ケースワーク」分離論の立場にある論者は、上記、岩崎晋也の述べる援助の正当性を掘り崩す可能性をより警戒しているものと捉えることができよう。このことは、稲生による以下の発言のなかにその考えをみることができる。

　　確かに、「ケースワーク」の結果、生活問題を解決し自立した人たちが一方にいることを私は否定しません。対人活動は非常に重要です。しかし、「経済給付」を片手に持って、もう片手でそれを行うとしたら、しかも概念が整理されていないとしたら—それは被保護者に対しては、抑圧する機能でしかない。また、保護を受けようと思っているとしたら、敷居の高いものでしかないのです（稲生2003:9）。

稲生に続いての報告は、岡部から「公共性の中身をどう考えるか」とのタイトルで行われた。岡部は、生活保護ソーシャルワーカーの業務について、分離・統合という議論の前に以下の点が混然一体として展開されているとの現状認識を示している（岡部2003:9-10）。

　　1．生活保護の制度構造に関わる領域（生活保護制度そのものが持っている制度設計が生活問題に対応しているか）
　　2．生活保護制度をどう解釈して運用していくのか（法制度に適った運用がなされているか）
　　3．生活保護制度あるいは生活保護行政を支える体制（組織・業務・人

的体制など)
　4．生活保護制度を主要な社会資源として問題解決の緩和・解決を図る方法論

　このように岡部は整理を行った後、今回のシンポジウムで議論する内容は、上記の4に関わるものであるとの認識を示し、生活保護ソーシャルワーク業務に関する分離論の立場に対して自身の見解を以下のように述べている。

　　分離論の「対人サービスが必要か否か」という主張の論拠は、福祉事務所とりわけ生活保護現場の実態がひどいため給付から切り離すべきだという主張であると思います。原因と結果が転倒したまったく別の話をしており、結果の部分が近年盛んな議論となっているのではないでしょうか。本来ならば、よりよい業務ができるよう人事政策に対する改善要求をしていけばいいのではないか。対人サービス機能を外すというのは筋が違うのではないかと考えます（岡部2003:10-11）。

　岡部の主張は、分離論に対する批判だけでは終わらない。自身が依拠する統合論にも改善の必要性を述べている。そのうえで、生活保護ソーシャルワーカーは、「セーフティネットの担い手」として、公的機関が責任をもつべきであるとの見解を示している（岡部2003:12）。

　岡部に続いての報告は、清水から「新しい制度とケースワーク的業務のあり方」と題して行われた（清水2003:12-15）。清水は、上記の第26回公的扶助研究関東ブロックセミナーにおいて分離論の立場から報告を行っているが、今回も同様の立場から発言を行っている。
　清水は、生活保護法のなかに差別を再生産する構造があるとして、以下のように問題意識を述べている。

それは貧困者ないし貧困な家族を選別する過程であり、自立意欲があるかどうかなど、道徳的な評価を行いながら保護の受給資格を確認する。他人を道徳的に評価しつつ受給資格を判定することのイヤらしさ、評価する側と評価される側の絶対的な溝。そうせざるを得ない仕組みが生活保護の中にあって、差別を増長する（清水2003:13）。

　清水の問題意識は、生活保護ソーシャルワーカーが、ソーシャルワークとともに経済的給付を担う現在の生活保護制度そのものについて、それが生活保護ソーシャルワーカーと利用者の間に溝を生み出し、差別を強化するというものである。清水は、生活保護制度の欠点だけでなく、生活保護ソーシャルワーカーが置かれている専門職制度についても以下のように問題意識を述べている。

　差別の再生産構造を理性的に制御しうる専門職員の配置の失敗―これはもし社会福祉士のような資格を持った専門職がなったとすればあとは社会福祉士会の団体の社会的責任でそういう差別への理性的制御を期待できるのですが、それがまったくできない。むしろ専門性への配慮に関しては昔と比べて後退している（清水2003:14）。

　上記の発言は、社会福祉士等の国家資格を有する生活保護ソーシャルワーカー個人ではなく、社会福祉士会という組織に向けての疑問が投げかけられているものである。その後清水は、自身の主張を以下のようにまとめている。

　要は、できることなら金銭給付の実権を握っている人が、対等平等の関係を前提とするケースワーク的業務を同時に行うべきではない。どうしてもそうならざるを得ないときは専門職制度の確立と専門職団体の倫理的な自己規制が働く環境が前提条件であり、それがないところではケースワークの美名のもとに、権力的な人権抑圧が起こりやすいということです（清水2003:15）。

第5章　当事者との関係を模索する公的扶助研究運動

　清水による上記発言は、少なくとも発言当時においては、専門職制度と専門職団体の倫理的な自己規制が働く環境が整備されていないとの認識から生じているものである。では、清水の発言にある専門職制度とはなんであろうか。秋山智久は、これまで社会福祉専門職に関する研究が様々な角度から試みられてきたにも関わらず、何となく専門職の解明が明確でなかった理由として、専門性・専門職性・専門職制度の概念が混同されていたからであると述べている（秋山1998:232）。そのうえで、専門性、専門職性、専門職制度について、以下のように整理を試みている。

表3－1　援助専門職の専門性・専門職性・専門職制度の要点

		専門性	専門職性	専門職制度
A	レベル	学問・研究	職業	制度・システム
B	理念・目的	独自の視点 アプローチ 知識の探究	実用性・有効性の重視 問題解決・援助 生命・生活・人生への支援 生活と人権の擁護	サービス利用者のための社会的発言力の強化 職業的確立 身分安定 社会的承認
C	理論	理論的体系 学問の相対的独自性	独自の対象、 方法、業務の探究	試験科目
D	実践の方法・技術 （サービス利用者のための）	実践・援助の方法・技術の探究	独自の技術習得と開発技術の普遍化	技術テスト 技術レベルの確保
E	手段的価値	価値の解明 独自の価値	秘密保持 非審判的態度 受容 専門職的権威 情緒的中立性 利用者の自己決定 個別性の尊重	禁止条項（懲罰） 倫理綱領
F	理念・目的の達成手段（専門職のための）	研究方法 （文献研究、調査、観察）	専門職集団組織化 養成 訓練・研修 チームワーク スーパービジョン 他職種との連携	有資格者集団 法定資格 民間認定資格 人材確保の財源 業務指針 配置基準 給与体系 労働条件 専門職的下位文化

（秋山1998:233）

清水の発言を秋山の表（表3－1）と重ねあわせてみたとき、どのような考察が可能であろうか。秋山は上記の表において、専門職制度の理念・目的のひとつとして、「サービス利用者のための社会的発言力の強化」を挙げている。清水が述べる専門職制度の確立とはまさにこの事柄ではないか。本研究で取り上げているシンポジウムが開催された2003（平成15）年は、1987（昭和62）年に社会福祉士及び介護福祉士法が制定されてから、すでに15年以上の月日が流れていた。そのなかで、社会福祉士は徐々に社会福祉の様々な領域において活躍をしていた。しかし、社会福祉士制度は創設当初、医療機関における医療ソーシャルワーカーを制度対象外とした。また、社会福祉士を必置とする機関は、地域包括支援センターが創設された2006（平成18）年まで待たねばならなかった。社会福祉士は国家試験の合格率が30％前後で推移していたなかで、資格を取得して実際にソーシャルワークの仕事に就くことができる者が少数であった。
　本研究で取り上げているシンポジウムと同時期に行われた日本社会福祉学会の対談では、社会福祉学会を代表する立場のひとりであった一番ヶ瀬康子から、以下のように発言が行われている。

　　今、社会福祉士になってもそれだけで直接は就職につながらないんですよ。非常に厳しい批判をする人のなかには、詐欺だとさえいう人がいますよね（日本社会福祉学会2004:311）。

　上記のような嘆きが囁かれるなかで、当時の福祉事務所において社会福祉士はどの程度存在したのであろうか。横山豊治は、2004（平成16）年10月1日現在の「福祉事務所現況報告」から、当時全国に1,226ヵ所あった福祉事務所のなかで、社会福祉士の資格を有している者の割合は、所長で12人（1,0％）、340人いる課長で32人（9,4％）、2,532人いる係長で88人（3,5％）、305人いる査察指導員で8人（2,6％）、生活保護法担当の現業員11,372人で318人（2,8％）であったことを明らかにしている（横山2007:34-53）。これに対し、横山は、「社会福祉士制度が福祉行政機関の人事システムのなかに機能しているとは、とてもいえ

ない状況」との評価を下している（横山2007:44）。

　上記シンポジウムにおける清水の発言は、背景のひとつに、ここで取り上げている社会福祉士制度の行政機関への浸透の不十分さがあるのではないか。また、それとともに秋山が挙げている専門職制度の理念・目的のひとつである「サービス利用者のための社会的発言力の強化」がなされていないと判断されているといえよう。

　生活保護ソーシャルワーカーと生活保護利用者の関係性をめぐって、清水の発言と絡めて考えなければならないもうひとつの題材は、専門職的権威に関するものである。これは、上記の清水による発言のなかでは、「むしろ専門性への配慮に関しては昔と比べて後退している」（清水2003:14）という部分に該当する。

　本研究のなかで述べてきたように、かつて、社会福祉専門職の概念を検討したE.グリーンウッドは、専門職の要件のひとつとして、「専門職的権威」を挙げた。これは、専門的な関係では、専門家が利用者にとって何が善く、何が悪いかを指示するが、サービス利用者は選択をせず、専門的な判定に同意するだけとする考え方である（秋山2007:100）。このような考え方は、今日のソーシャルワークではパターナリズムであるとして批判の的にされる。特に行政機関に所属しているソーシャルワーカーが「専門的権威」をふりかざすと、クライエントは「権力」あるいは「権限」をふりかざす「官僚」と認識せざるをえなくなる（山手1996:190）。

　また、反専門職主義の進展のなかで、ソーシャルワーカーの「専門的権威」は、その内容を厳しく批判されなければならないと評価されている（秋山2007:101）。清水の発言からは、生活保護ソーシャルワーカーが専門職として、権威を過度に使用することで、生活保護利用者に対する脅威となる危険性を不安視する見解を読み取ることができる。

　清水は、生活保護ソーシャルワーカーがソーシャルワークと経済的給付を同時に職務とすることは、ワーカーの専門的権威を高めることに繋がり、生活保護利用者の利益にならないと考えているのである。また、ソーシャルワーカー

の国家資格である社会福祉士は現状では、行政機関への配置は不十分であるだけでなく、その資格に潜む権威、パターナリズムを払拭することができていないと考えているのである。以下の表3－2は、ここで取り上げているシンポジウムにおける各論者の立ち位置をまとめたものである。

表3－2　公扶研2003年度総会記念シンポジウムにおける統合論、分離論の立ち位置

	統合論	分離論
主張	（所得保障とソーシャルワークを共に担う）本来のケースワークを取り戻すべき	所得保障とソーシャルワークを切り離すべき
論者	今村雅夫、岡部卓	稲生久雄、清水浩一
アウトソーシング	反対	賛成

（筆者作成）

シンポジウムは続いて、討論「生活保護の共通の実践課題と『自立の助長』の分離論と統合論をめぐって」に入る。ここでは、討論のなかで岡部の発言に注目して論を進めていく。岡部は、分離論に対して、以下のような見解を示している。

> たぶん、認識が違うんだと思うんです。例えば、分離論というのは、悲観的に後退したところから物事を見ているというのが、私の正直な感想です。（略）
> 例えば、業務の質でいえば非常に多様な課題に対応しなければならない。「そこでなぜ専門性が要求される」人事政策に焦点化されないのか。それは、結果的に貧困・低所得者層に対して、きちっと対応しなくていいという人事配置をやっていることにつながってくる。
> 貧困・低所得でいろいろな権利が剥奪された状況にある人たちに対して、

それを後押しして、少しでも回復させる。それを公的な部分が支えなくて、誰が支えるんだと（杉村・今村・稲生・岡部・清水2003:17-18）。

　岡部は、分離論に対して悲観論だとしたうえで、統合論の立場からより前向きな議論を呼びかけている。また、現状の人事システムがうまく機能していないのであれば、それを改善すべきであって、それがソーシャルワークと経済的給付を切り離す理由とはならないとする。また、「健康で文化的な最低限度の生活」を保障する生活保護制度は国が最終的な責任者となっている。そのなかで、利用者の権利擁護を実践できるのは公的機関であると考えているのである。さらに、岡部は生活保護ソーシャルワーカーの権威について、以下のように述べている。

　　先ほど、権威を持っているから云々というお話しがありましたが、どの領域でも権威を持つということがあります。基本的には権威があるものとして、それを濫用するかどうかが問題であって、生活保護が、お金を持っているからそれをバックにしながら特権的なことをやるというのは、これは逆に言うと権威の濫用ですよ。そこの問題と、ケースワークが一体化するというのは、私にはよくわからない。
　　制度をきちっと適正にすること、専門性を高めることによって、権威の濫用であるとか、いろいろな例外というのが起きてこないのではないか（杉村・今村・稲生・岡部・清水2003:21-22）。

　筆者は統合論の立場から本研究を執筆している。岡部の見解は、筆者のそれと同一のものである。ここで岡部の見解を取り上げたのは、筆者の見解と一致しているのみならず、上記の清水との見解の相違点を明確に示していると考えるからである。
　上記の議論は、明確な決着がつかないまま終了した。ここでの議論から公扶研では、多様な立場から生活保護ソーシャルワーカーの役割をめぐる議論を展

開していたことがわかる。ここで挙げた論争のなかでは、公扶研は組織としての立場を特に表明しておらず、統合論と分離論に立つそれぞれの論者を登壇させることによって、論争の意味を見出そうとしている。このなかでは、本研究において主題としている生活保護ソーシャルワーカーと当事者である生活保護利用者の関係性について、利用者を一体的に支援することによってその距離を縮めようとする統合論と、経済的給付とソーシャルワークを切り離すことによって、その距離を遠ざけようとする分離論の立場の議論が錯綜している。

ここで取り上げた論争は、次に取り上げる生活保護ソーシャルワーカー業務外部委託化に関する議論にもつながりをもつが、筆者はここで、上記の論争のなかから、岡部による発言に改めて着目したい。岡部は、統合論の立場から議論を展開しているが、そのなかで「本来ならば、よりよい業務ができるよう人事政策に対する改善要求をしていけばいいのではないか」と発言している。これは、分離論に立つ論者は、生活保護ソーシャルワーカーが置かれている職場環境が望ましいものではないから、消極的選択として分離論を主張しているのであって、それではそもそも議論の的が異なっているのではないかと考えるものである。

生活保護ソーシャルワーカーが置かれている現場の状況が厳しいのであれば、それを改善させるための方策、具体的には生活保護ソーシャルワーカーをめぐる人事政策の改善を求めることが必要であるという岡部の主張は至極もっともなものである。

以上、2003（平成15）年に行われた公扶研内部の生活保護ソーシャルワーカーの役割をめぐる議論について述べてきた。そこでは、統合論と分離論の間で論争が展開されたが、組織として、公扶研がどちらを支持するのかについては明確な結論を出すには至っていないことが明らかになった。

第5章　当事者との関係を模索する公的扶助研究運動

3．近年における生活保護ソーシャルワーカーの役割をめぐる議論
—生活保護ソーシャルワーカー業務外部委託化に関する議論を題材として

　生活保護ソーシャルワーカーの役割をめぐる議論は、今日においても継続して行われている。それは、近年における生活保護ソーシャルワーカー業務外部委託化をめぐる議論のなかにみることができる。生活保護ソーシャルワーカー業務外部委託化に関する議論は、2017（平成29）年12月5日に「生活保護制度の見直しについて（生活保護制度に関する国と地方の協議のとりまとめ）」のなかで言及されている。その内容は、「稼働能力のある者に対する就労支援や不正受給対策等の業務を効率的・効果的に行う観点から、ケースワーク業務の重点化や外部委託のあり方、生活困窮者自立支援制度との連携に関し、関係者で議論を深めていく必要がある」というソーシャルワーク業務の見直しに関する合意である（戸田2021:188）。

　生活保護ソーシャルワーカー業務外部委託化という政府方針がより具体的に明らかになったのは、2019（令和元）年12月23日に閣議決定された「令和元年の地方からの提案等に関する対応方針」においてである。

　上記によると、生活保護ソーシャルワーカー業務の外部委託化について、①現行制度で委託可能な業務範囲について令和2年度中に整理したうえで必要な措置を講ずる。②現行制度で委託困難な業務は、地方公共団体等の意見も踏まえて、委託可能とすることについて検討し、令和3年度中に結論を得る。その結果に基づいて必要な措置を講ずるとしている[1]。

　生活保護ソーシャルワーカー業務の外部委託化に関する政府からの提案については、上記が初出ではない。桜井啓太は、2000年代以降の生活保護ソーシャルワーカー業務外部委託化に関する提案、要望について以下のようにまとめている。

　　①第二次小泉内閣時の「行政サービスの民間開放」（2003〜2006年）

②構造改革特区提案での市民団体による提案（2010年）
③国と地方の協議における地方側の要望（2011年、2017年）
④自民党のマニフェスト（2013年）

（桜井2020a:9）

　上記の提案、要望からは結果的にソーシャルワーカー業務の外部委託化が行われることがなかった。その理由として挙げられるのは、保護の実施機関として都道府県知事・市長等の責任を明記し、保護の決定及び実施の事務について福祉事務所長や他の保護の実施機関以外への委託や委任を禁じている生活保護法第19条の存在があったことである（桜井2020a:9）。

　桜井は、民間委託・規制緩和全盛期であった2000年代に生活保護ソーシャルワーカーが外部委託化を免れた理由として、国が就労支援の民間委託化を認めたことを挙げている（桜井2020a:9-10）。就労支援の民間委託化は、2005（平成17）年から開始された自立支援プログラムのなかで活かされた。

　上記に関連して、2015（平成27）年に施行された生活困窮者自立支援法は、自立相談支援事業、就労準備支援事業、子どもの学習支援事業等をNPO法人や社会福祉協議会に委託することを認めた。それによって、より公的扶助分野における業務の外部委託化は進行したといえよう。

　これまで述べてきた経過を経て、国は「最後のセーフティネット」と呼ばれる生活保護制度を担う生活保護ソーシャルワーカーの業務についても、ついに外部委託化の検討に乗り出したのである。

　その後、厚生労働省社会・援護局保護課は、2021（令和3）年に、令和3年3月31日付事務連絡「保護の実施機関における業務負担軽減に向けた方策について」を公表した。当該事務連絡は、上記の「令和元年の地方からの提案等に関する対応方針」を踏まえたものである。

　「保護の実施機関における業務負担軽減に向けた方策について」は、直近の「被保護者調査」（令和2年12月分概数）から保護の申請が対前年同月比で6,5%増となっており、今後も申請者が増加することが想定されることを踏まえ、保

護実施機関の負担軽減に努める必要性を説いている。

また、同事務連絡では、「業務の外部委託について」が記載されており、これについては、「令和元年の地方からの提案等に関する対応方針」(令和元年12月23日閣議決定)においてケースワーク業務の一部外部委託化の提案を受け、「福祉事務所の実施体制に関する調査結果や地方公共団体等の意見を踏まえつつ、現行制度で外部委託が可能な業務の範囲について令和２年度中に整理した上で、必要な措置を講ずる。」とされたことを踏まえたものであることが明らかにされている[2]。

上記の事務連絡に記載されている「業務の外部委託化について」では、まず現在の生活保護法において、保護の決定又は実施に関わる、いわゆる公権力の行使に当たる業務について、民間事業者への外部委託は認められないことが述べられている。

その一方で、「保護の実施機関においてケースワーカーが行う一連の業務には、保護の決定又は実施に関与せず、明らかに公権力の行使に当たらない業務が相当程度存在する」とし、その例として、通知書類等に係る封入封緘や発送等の事務、生活保護費の返還金等に係る収納事務を挙げている。また、外部委託化の際には、個人情報保護に特段の配慮と慎重な取り扱いが必要であり、委託業務の内容に応じた情報の取り扱い方法を定めたうえで委託契約を実施し、それを民間事業者に遵守させることを求めている。

さらに同事務連絡は、関係機関との連携についての考え方として、保護の実施機関が抱え込むことなく、関係機関と連携を図ることによって、ケースワーカーの心理的な負担軽減、業務の円滑化が可能であると述べている。具体的な連携先の例として、自立相談支援機関、成年後見制度の中核機関が挙がっている。

「保護の実施機関における業務負担軽減に向けた方策について」は、生活保護ソーシャルワーカー業務外部委託化を推進したい厚生労働省が、そのための具体的な案を提示したものといえるであろう。

その後、2022(令和４)年３月には、「今後の福祉事務所における生活保護業

務の業務負担軽減に関する調査研究報告書」が発表された[3]。このなかでは、生活保護ソーシャルワーカーへの研修充実や関係機関との連携に取り組むべきであるとの立場に立ち、その専門性を高めていく方向性への支持はなされている。その一方で、生活保護ソーシャルワーカーの正規職員の増員は望めないとの立場に立つことで、ワーカー業務の外部委託化ありきの報告書となっている。

桜井は、一連の生活保護ソーシャルワーカー業務外部委託化に関する政策の狙いについて、「コストカット」(人員削減、人件費抑制)と「管理強化」を挙げている(桜井2020b:18)。そのうえで、ここで挙げているような規制緩和の効果は、「安上り専門職の雇用」と「自立支援・適正化・(生活保護)不正受給対策の強化」(指導・監視的業務の増大)に吸収されると述べている(桜井2020b:19)。

その後、生活保護ソーシャルワーカー業務外部委託化をめぐる動向は、2022(令和4)年7月26日、厚生労働省社会・援護局保護課から「訪問計画に基づく訪問の取扱いの見直しについて」が発出されたことにより一応の決着をみた。この事務連絡は、生活保護利用者に対する家庭訪問に関する取り扱いの見直しを規定したものである。これは生活保護ソーシャルワーカーが外部機関との連携をすることによって、家庭訪問とすることができる範囲を拡大するものである[4]。これまで述べた一連の動向は、これにより、生活保護ソーシャルワーカー業務の負担軽減という観点からの一部見直しに収まったが、今後も注視が必要である。

以下では、生活保護ソーシャルワーカー業務外部委託化について、自主的研究運動団体として実践を積み重ねている公扶研の反応を検討する。

4．生活保護ソーシャルワーカー業務外部委託化に対する公扶研の反応
―機関誌の分析

上記一連の、生活保護ソーシャルワーカー業務外部委託化に対して、公的扶助研究運動団体はいかなる反応を示したのであろうか。本研究では、当該問題に対する公扶研の反応を追っていく。公扶研は、生活保護ソーシャルワーカー

業務外部委託化に対し、当初から反対の意向を示してきた。この問題については、公扶研の機関誌『公的扶助研究』のなかでも頻繁に取り上げられている。

　生活保護ソーシャルワーカー業務外部委託化の政府方針が明らかとなった翌年、2020（令和2）年7月発行の『公的扶助研究』第258号では、「ケースワーク業務を手放していいの？」と題する特集を組んでいる。そこに掲載をされた論文は、①桜井啓太「生活保護ケースワークの外部委託化提案の経緯と今後」（桜井2020a:9-13）、②吉永純「生活保護ケースワーク民間委託の問題点」（吉永2020:14-18）、③谷口伊三美「ケースワーカー業務の外部委託化」（谷口2020:19-22）、④脇山園恵「同時多発的な貧困・生活困難に遭遇して、今、何を一体とするべきか」（脇山2020:23-26）であった。

　上記の特集のなかで、桜井は「生活保護ソーシャルワーカー業務の外部委託化」のねらいのひとつとして国が挙げている「ワーカーの業務負担の軽減」について、それは嘘であり、本来の目的は自治体の人員削減とコストカットであるとして痛烈に批判している（桜井2020a:12）。

　吉永からは、厚生労働省の「令和元年度生活保護担当指導職員ブロック会議資料」について、意図的な水増しによって、ケースワーク業務の民間委託に自治体が賛成しているように見せかけているとしている（吉永2020:17）。

　谷口は、嘱託職員が大量に配置されている大阪市における生活保護の実施体制を述べるなかで、大阪市が採用している方法では生活保護行政を支える職員は育たないとしている。また、このような状況下においてワーカー業務の外部委託化を進めることは、より一層、生活保護ケースワークを破壊していくものにしかならないと述べている（谷口2020:22）。

　その後も、公扶研では継続して当該問題を取り上げている。2020（令和2）年10月発行の『公的扶助研究』第259号からは、「ケースワーク外部委託化の論点」の連載をスタートし、その第1回目として、弁護士の小久保哲郎の「ケースワーク業務の外部委託化は法的に許されるのか―いま改めて立法経緯に立ち返り『国家責任の原理』を考える」を掲載している（小久保2020:38-42）。同論文で小久保は、小山進次郎（1975）の文献を引用しながら、ケースワーク業務

の外部委託化は生活保護制度における国家責任の原理の本質に反するとしている。また、今日、生活保護ソーシャルワーカーの任用資格である社会福祉主事資格が「三科目主事」と揶揄され、専門性を欠く対応が少なからずみられる現状について、ケースワーク業務の外部委託化に関する議論以前に、十分な人員と専門性を備えた地方公務員である社会福祉主事の育成を行う必要性を述べている（小久保2020:42）。

　2021（令和3）年1月発行の『公的扶助研究』第260号では、当該問題について、中村健から「外部委託化に関する各種報告」（中村2021:20-21）が、森下千鶴子から「職場からケースワーカーの仕事づくり」（森下2021:22-23）が、鶴幸一郎から「生活保護ケースワーク業務の外部委託化について」（鶴2021:24-25）が寄稿され掲載されている。

　2021（令和3）年4月発行の『公的扶助研究』第261号では、木藤孝祐の「先行事例としての福岡市委託事業について」が掲載された（木藤2021:40-43）。ここでは、民間委託の先駆的な例として福岡市の「被保護高齢者訪問・サポート強化事業」が取り上げられ、同事業に携わる相談員が自身の立ち位置について曖昧であると感じていることや、このままワーカー業務の外部委託化が進めば、ワーカーの間にも深刻な分断が生じる可能性を指摘している（木藤2021:41-42）。

　続いて、2021（令和3）年7月発行の『公的扶助研究』第262号では、仲野浩司郎の「生活保護ケースワーク業務の外部委託化について考える―生活困窮者自立支援制度の現状と課題から」（仲野2021:41-45）が取り上げられている。ここでは、先行して業務の外部委託化が進行している生活困窮者自立支援制度を担う職員の労働・生活課題に焦点が当てられている。当該事業を担う職員は約4割が非正規雇用者であり、かつ経験年数3年未満の者が6割を占める。このような現状から、生活困窮者支援を担う職員が置かれている不安定な生活基盤を放置したままでは、ソーシャルワークの価値や倫理に立脚した専門的な支援を行うことは困難であるとしている（仲野2021:43-44）。

　2021（令和3）年10月発行の『公的扶助研究』第263号では、上林陽治の「生活保護面接相談員はなぜ非正規化するのか」が掲載されている（上林2021a:38-

42）。上林は、非正規公務員に関する研究を継続的に行っているが（上林2021b）、（上林2023:81-103）、機関誌のなかでも同様の関心から、論考を進めている。上林は、日本の生活保護ソーシャルワーカーについて、正規職員による専門職化を放棄し、正規職員は人事異動によって調達を行い、不足部分を非正規公務員によって補充する対応に陥っているとの問題認識を示し、これ以上の公共サービスの市場化を阻止することが必要であるとしている（上林2021a:41-42）。

2022（令和4）年1月発行の『公的扶助研究』第264号では、浦野さとみの「中野区における生活保護ケースワーク業務の外部委託問題―連携による調査、議会論戦」が掲載されている。浦野は、中野区における委託専門員の生活保護利用者に対する不適切な関わり事例について紹介し、現在進行している外部委託化の推進は、生活保護法および社会福祉法違反の疑いがあるとしている（浦野2022:38-41）。

5．生活保護ソーシャルワーカー業務外部委託化に対する公扶研の公式見解 ――一貫して反対の姿勢を示す公扶研

公扶研は、これまで述べてきたように、同会の機関誌『公的扶助研究』において、生活保護ソーシャルワーカー業務外部委託化に対する特集を組み、当該問題に対して警鐘を鳴らしてきた。では、公扶研は、組織としていかなる見解や意見を有しているのであろうか。次に、公扶研が生活保護ソーシャルワーカー業務外部委託化に対して発出した公式見解や意見について、順を追ってみていく。

（1）「令和元年12月23日閣議決定『生活保護におけるケースワーク業務の外部委託化』についての全国公的扶助研究会の見解と意見」

公扶研は、2020（令和2）年12月12日、「令和元年12月23日閣議決定『生活保護におけるケースワーク業務の外部委託化』についての全国公的扶助研究会の見解と意見」を公表した（全国公的扶助研究会2021a:26-31）。

そこではまず、公扶研自身が「生活保護におけるケースワーク業務の外部委託化」に対して反対の意向が表明されている。その理由として挙げられているのは、以下の2点である。

　　1．ケースワーク業務の外部委託化は、生活保護業務の給付管理事務化を招き、最後のセーフティネットである生活保護制度の弱体化をもたらすものである。
　　2．ケースワーク業務の外部委託化は、生活保護ケースワーカー等、官製ワーキングプアのさらなる増大を招き、個人の生活の向上及び研鑽の機会を奪うものである。

　公扶研は、国の姿勢について、地方からの要望を無限定に拡大して外部委託化を検討する方向であるとして、上記文書のなかで警鐘を鳴らしている。また上記文書においては、社会福祉法ならびに生活保護法の条文を引用するなかで、保護の決定及び実施に関する事務を委任できるのは、その管理に属する行政庁、すなわち福祉事務所長に限られることが述べられている。さらに、社会福祉主事については公務員でなければならず、これらの規定は、ケースワーカーに対して、権限を与えるとともに、支援は福祉事務所長の指揮監督の下に、公的責任において行われるべきことを明らかにしたものと考えることができるとしている（全国公的扶助研究会2021a:28）。
　上記文書では、「生活保護におけるケースワーク業務の外部委託化」に反対する実体的理由として、生活保護の給付を適切に、また十分に給付するためには、「迅速性、直接性、技術性」を備えたケースワークがなければ困難であるとし、ケースワーク業務だけを外部委託化することはできないとされている（全国公的扶助研究会2021a:28）。
　これまで述べてきたように、公扶研は法制度的ならびに実体的理由を挙げて「生活保護におけるケースワーク業務の外部委託化」に反対の意向を表明している。しかし、公扶研が当該問題に対して、反対の意向を示す理由は、上記の理

由だけに集約されない。公扶研が当該問題に反対する理由として次に掲げるのは、生活保護業務に携わる職員の非正規化への懸念である。

上記文書では、東京都中野区ならびに大阪市の事例を挙げて、「偽装請負」の疑いや、訪問嘱託員の訪問によって利用者支援が後退する様子が描かれている（全国公的扶助研究会2021a:29-30）。

公扶研は上記文書のまとめとして、ケースワーカーの標準数の充足ならびに、社会福祉士の配置を進めることによって専門性を向上させていくことが今求められる急務の課題であるとの見解を述べている（全国公的扶助研究会2021a:30）。

（2）「令和3年3月31日厚生労働省社会・援護局事務連絡『保護の実施機関における業務負担軽減に向けた方策について』へのコメント」

公扶研は、2021（令和3）年4月29日に同研究会常任運営委員会名で、「令和3年3月31日厚生労働省社会・援護局事務連絡『保護の実施機関における業務負担軽減に向けた方策について』へのコメント」を発出している（全国公的扶助研究会2021b:33-34b）。

上記コメントでは、公扶研が2020（令和2）年に開催したシンポジウムや同年12月に公表した見解に触れ、生活保護ソーシャルワーカー業務外部委託化に反対の姿勢であることを改めて明らかにしている。

同コメントにおいて、厚生労働省からの事務連絡では、通常のケースワークが、事例としても外部委託の対象に挙がっていないことを挙げ、「生活保護においては、保護の決定、実施とケースワークは一体化しており、ケースワークだけを切り離すことができないことが本事務連絡で明らかになった」としている（全国公的扶助研究会2021b:34）。

公扶研では、制度を変更してまで外部委託化を進めることは困難であるとし、引き続き反対の立場を堅持して、国の動向を注視するとしている（全国公的扶助研究会2021b:34）。

関連して、2022（令和4）年1月発行の『公的扶助研究』第264号では、日本ソーシャルワーカー連盟が2021（令和3）年9月17日に発表した「生活保護に

おけるケースワーク業務の外部委託化に対する声明」を紹介している。公扶研はこの目的を「生活保護ケースワーク業務の外部委託に対する幅広い議論に供すべく」紹介している（全国公的扶助研究会2022:42）。

（3）「ケースワーク業務外部委託化に関する報告書」

公扶研は、2022（令和4）年3月に発表された上記報告書について同会事務局次長の中村健を執筆者として、見解を提出している（中村2022:11-15）。このなかでは、報告書において、生活保護ソーシャルワーカーの専門性を高めることが結果的に業務負担軽減につながると整理している部分に関して、肯定的な評価をしたうえで、同報告書が、ワーカーの事務量の多さに触れていないことを指摘し、そこに着目せずに業務の外部委託化が検討されていることに釘をさしている。また、公扶研としては、生活保護ソーシャルワーカーの充足率を満たすことが最大の方策であるとの考えを示している。さらに、「生活保護制度の意義を理解していれば、外部委託化によって解決しようとはならないはず」として、生活保護ソーシャルワーカーの充足率を満たし、専門性を向上させることが必要であると結論づけている。

6．分離論の見解 —統合論との相違と共通点

これまで述べてきたように、公扶研は生活保護ソーシャルワーカーの役割をめぐる議論のなかで、近年の生活保護ソーシャルワーカー業務外部委託化に明確に反対の意向を表明している。その理由は、公扶研は組織として生活保護ソーシャルワーカーが公的責任をもって、生活保護利用者の生活をトータルに把握することが望ましいとする統合論の立場に立っているからである。生活保護ソーシャルワーカー業務外部委託化をめぐる公扶研の動きは、統合論の立場からの主張が強い。では、分離論からの主張は公扶研のなかで消滅したのであろうか。統合論の立場にある組織のなかにおける機関誌を分析する際、そこに反対の主張を展開する分離論の立場にある論者が登場しないことは当然である。しかし、

公扶研のなかには今日においても明確に分離論の立場から主張を展開する者が存在する。それは、本研究のなかで取り上げた21世紀初頭の公扶研における生活保護ソーシャルワーカーの役割をめぐる議論にも登壇した清水浩一である。

ここでは、統合論を支持する公扶研のなかで、今日においても分離論の立場に立つ清水浩一の主張を詳細に検討することによって、その差異を明らかにする。清水は社会福祉学において公的扶助領域を専攻し、長年にわたり大学における研究職として従事してきた。清水の主張点を整理するにあたり、ここでは清水自身がこれまでに執筆したもののなかから、最も自身の立場を明確にしていると筆者が判断する文献を詳細に分析するなかで、その主張を考察していくこととする。

筆者がここで分析対象とするのは、2019（平成31）年2月に発行された明治学院大学社会学・社会福祉学研究第152号に掲載された「善意と権力―生活保護とソーシャルワークの不幸な関係」である（清水2019:163-177）。ここでは、清水自身が分離論の立場に立つに至った動機や経過についても明らかにされている。清水は、ここで取り上げている論考の目的として、生活保護ソーシャルワーカーに関する「不条理」にまつわるさまざまな事象（不幸な関係）にコメントを付すことを挙げている（清水2019:163）。

清水が生活保護ソーシャルワーカーの不条理として最初に挙げているのは、生活保護ソーシャルワーカーの多くが、その専門性の内実を一切問われることなく、生活保護業務に付随するソーシャルワークを行う専門家として期待されている点である（清水2019:163）。これについては、本研究のなかでも述べてきているように、生活保護ソーシャルワーカーには、第二次世界大戦後から社会福祉主事任用資格が存在するものの、それは「三科目主事」と揶揄されるほど資格取得が容易であり、その内実は不透明である。

その後、清水は、2018（平成30）年にテレビドラマ化された生活保護ソーシャルワーカーを主人公とするテレビドラマ『健康で文化的な最低限度の生活』を取り上げ、その「不条理」を述べている。同ドラマの原作は漫画作品であり、これには公扶研が積極的に関与している（田中2020:75-109）。本章における生

活保護ソーシャルワーカー業務外部委託化に関する公扶研の見解をみるとわかるように、公扶研は近年、その立場を統合論に置くことを明らかにしている。そのなかで、清水は本章のなかで明らかにしたように、明確に分離論に依拠して自らの意見を表明している。清水がここで取り上げているテレビドラマは、公扶研のなかで好意的に受け取られている（田中2020:75-109）。しかし、清水は当該ドラマに対して好意的な解釈はしていない。分離論の立場から当該ドラマを解釈するとき、それはいかように行われるのであろうか。

　清水は当該ドラマに出演する主人公に対し、「新人ながら真摯に、ひたむきに利用者（生活保護受給者）」と向き合い、悩み、だが仕事の奥深さを感じて成長していく」と肯定的に評価している（清水2019:164）。ドラマの展開は、生活保護利用者が警戒感から拒絶的な態度をとり続けるものの、主人公の「ひたむきさ」によって、徐々に心を開いていくものである。清水はこれについて、統合論の立場に立つものに対して、それに確信を抱かせるに十分な出来具合としている（清水2019:164）。

　その一方で清水は、このドラマの展開について、ドラマに登場する生活保護利用者らがイヤイヤながらも生活保護ソーシャルワーカーの面接に応じていることについて、「いわば生活保護に付随するソーシャルワークとは、実は見えない鎖で自由を奪った関係性の中で初めて成立し得ると言っても過言ではない」と述べている（清水2019:164）。生活保護の利用者はイヤイヤながらでも生活保護ソーシャルワーカーの面接に応じない限り、金銭給付を受けることはできない。それは、現在の生活保護法が生活保護におけるソーシャルワークと金銭給付をセットにしてひとりの生活保護利用者と向き合うことを求めているからである。清水によると、現在の生活保護ソーシャルワーカーは、最低生活保障の理念、自立助長規範、ケースワーク理論の三要素を「適正な保護」のために統合することが求められている（清水2019:165）。清水はこれについて、「相当無理な話し」であるとし、その内実が明らかでないままに今日に至っているとする（清水2019:166）。

　清水は、「私から見ると不条理に見える生活保護法の二律背反（二つの目的）

を止揚する分離論が、なぜかくも強い抵抗を受けるのか、その論理を謙虚に受け止める必要がある」（清水2019:169）として、統合論の論理の解釈とそれへの反論を試みている。清水は統合論の論拠として、以下の3点を挙げている。

　　1．生活保護利用者の経済的ニーズが深刻であればあるほど、それに付随するその他のニーズも深刻である。それらは絡まりあっており、ニーズの分解は極めて困難である。よって、原則、ひとりの生活保護ソーシャルワーカーが包括的・全人格的に対応せざるを得ない。
　　2．生活保護行政は公的責任で一貫して行われるべきであり、分離となれば金銭給付以外の業務は民間等への安易な委託業務につながり、公的責任の取り返しのつかない後退に道を開くことになる。
　　3．生活保護行政のなかにソーシャルワーク等の専門性が十分に発展しなかった理由は、厚生労働省の不正受給防止を目的とした保護の「適正化」政策と、それに呼応して専門性を軽視してきた地方自治体の人事政策にある。したがって、生存権理念の実質化を追求するためには、現在の優れた生活保護法の枠組み（統合・柔構造・強力なツール等）を維持し、これを発展させなければならない。

（清水2019:170）

　清水は以上のように統合論の論拠を整理したうえで、以下のように反論を行っている。

　まず、1．について、清水はこの論理が通用するのであれば、日本に先行してソーシャルワークと経済的給付を分離しているアメリカ等における取り組みは誤りであるとされることになり、そこでは深刻で複雑なニーズに適切に対応していないということを意味するという。
　続いて、2．について、清水は「確かにそうかも知れない」と述べている。清水は、2．に関して、そこで働くソーシャルワーカーは、「身分保障のある公

務員として採用・配置されるべき」であるとしている。そのうえで清水は、分離論を主張する。清水は、その理由を、今日における専門職採用が進んでいない地方自治体に勤務する生活保護ソーシャルワーカーに求めている。そこでは、経験豊富で優秀な査察指導員がいればよいが、多くの生活保護ソーシャルワーカーは、「最悪の環境で仕事をさせられ、心身を病む」。また、時には生活保護ソーシャルワーカー自身の差別的な言動がマスコミを賑わす。このような状況を考えたとき、清水は現在、生活保護ソーシャルワーカーに課せられているソーシャルワークを外部機関へ委託することが望ましいと考えるのである。ただし、清水がここで生活保護ソーシャルワーカーの連携相手として想定しているのは、社会福祉士の資格を有し、熱意と志のあるNPO団体である（清水2019:171）。ここでは、今日社会問題化している非正規公務員は想定されていない。

　最後に３．について、清水は生活保護に関わる「諸悪の根源」をここで挙げているような政治的文脈だけでとらえてよいものかと疑問を投げかける（清水2019:172）。清水は、ここで取り上げているような政策をなぜ厚生労働省や地方自治体が取り続けてきたのか、あるいは取り続けることが可能であったのか、その原因に目を向ける必要性を述べている。そのうえで、日本社会は生活保護の利用者を特定したうえで、社会規範（自助）からの逸脱集団とみなし、それゆえ自立助長政策が重視されてきたという、これまでの経過を考えたとき、生活保護の「現代化」が必要との認識を示す（清水2019:172）。清水が考える生活保護の「現代化」とは、可能な限り特定の人々を選別し差別の対象としてしまう構造からの脱却である（清水2019:172）。そのために清水は、これからの生活保護について、人・世帯ではなく、個々の生活上の事故に着目し、限りなく社会手当的な性格の制度とすることを提案している。

　このような考え方は、近年、岩田正美からも提出されている。岩田は、生活保護の「利用を押さえ込むのではなく、生活保護を解体して福祉国家の制度全体の中に再配置し、貧困への生活保障力を高め」ることを提案している（岩田2021:34）。岩田は本研究で主題としている生活保護ソーシャルワーカーの役割については言及を避けているが、岩田の提出した考え方を本研究の主題に当て

第 5 章　当事者との関係を模索する公的扶助研究運動

はめるならば、それは分離論からの意見であると筆者は考える。

　続いて清水は、生活保護ソーシャルワーカーの善意と権力（パターナリズム）の視点から議論を展開する。ここでは、ソーシャルワークを受ける生活保護利用者の立場に立って考えたとき、そこには少数の美談と圧倒的多数の屈辱と忍耐があると想像できると清水は述べる（清水2019:172-173）。清水は今日の生活保護ソーシャルワーカーは、善意の仮面をかぶった権力を握っていると考えている。生活保護利用者のためを思って行われる扶養照会、生活保護利用者のニーズを正確に把握しようとして行われる種々の調査など、善意と権力行使は紙一重である。

　以上のような議論を展開したうえで清水は、分離論の立場に立って物事を進めることは、生活保護とソーシャルワークの「不幸な関係」の解消にむかうと述べる（清水2019:176）。清水は、「どれだけ良い可能性があっても、そのこと自体が多くの悲劇を生むなら、それは避けなければならない」として、統合論に対して、警鐘を鳴らしている（清水2019:176）。

　以上、分離論の立場に立つ清水の主張を詳細に分析してきた。筆者は、清水の主張について、統合論と類似する側面があり、事象に対する光の当て方が異なっているものであると考える。本研究は、生活保護法の仕組みを維持することを前提として、その仕組みをいかに整えていくのかについて考察することが射程圏内である。一方、ここで取り上げている清水の主張は、生活保護制度そのものを抜本的に見直すことを射程圏内としている。筆者はここで、統合論と分離論における議論について、その前提の相違をみた。それは、かつての「仲村・岸」論争を想起させるものである。

　現状ある仕組みのなかで、生活保護ソーシャルワーカーの役割をいかに設定していくことが望ましいのかを考えている統合論と、そもそも今あるシステムが機能不全を起こしているので、抜本的に仕組みを組み替えようと考えている分離論では議論がかみ合わないのは当然のことである。生活保護制度そのもののあり方についての言及は、前出の岩田（2021）等優れた研究があるが、本研究においては射程圏外である。統合論と分離論が、そもそもその前提として考

155

えているポイントが異なるという前置きを取り払って、それぞれの主張点をみたとき、そこには共通するものがある。筆者の研究は、今日ある生活保護制度のなかで、生活保護ソーシャルワーカーと当事者である生活保護利用者がいかに関係を構築していくことが望ましいのかについて考えるものである。そのため、そこには現在の生活保護制度が前提条件としてある。筆者はもちろん、生活保護制度に伴うスティグマや、「すべり台社会」（湯浅2008）と揶揄される日本の生活保護制度について全肯定しているわけではない。しかし、生活保護制度そのもののあり方について考察していくことは本研究では行わない。

そもそもの射程圏が異なる統合論と分離論であるが、清水の主張には筆者も賛同する部分がいくつかある。それは、生活保護利用者に対する業務に携わる者について、身分保障のある公務員として採用・配置をされるべきであると清水が主張している点、ならびに生活保護ソーシャルワーカーに権力があることを述べている点である。

本研究のなかで取り上げた生活保護ソーシャルワーカー業務外部委託化に関する議論のなかでは、その政策の狙いとしてコストカット（人員削減、人件費抑制）や「安上がり専門職の雇用」が挙げられていた。この点については、統合論・分離論それぞれの立場の違いに関係なく、現在行われている政策に対して批判的検討を展開しているのである。

また、生活保護ソーシャルワーカーが権力を有しているという点に関しては、分離論からの批判を受けるまでもなく、本研究におけるインタビュー調査結果のなかで示したように、現在は明確に統合論の立場であることを明らかにしている公扶研メンバーもその事実を認めている。

このようにみてくると、分離論と統合論の主張は、生活保護利用者支援に携わる職員の身分保障を求めている点ならびに、生活保護ソーシャルワーカーが権力を有していることを認めている点において大差がないようにも感じられる。清水は、生活保護ソーシャルワークと経済的給付業務を独立させることによって、生活保護ソーシャルワーカーの権力を消滅させるとともに、パターナリズムを回避することを目指しているが、果たしてそれは可能であろうか。たとえ、

分離論の主張のような政策が進展し、生活保護ソーシャルワーカーの業務がソーシャルワークと経済的給付に分離したとしても、経済的給付を担う職員には、権力やパターナリズムの課題が変わらずに付随するのではないか。

　また、清水も述べているように、分離論の主張に沿った政策が進んだ場合、それは金銭給付以外の業務が容易に民間委託され、生活保護法の骨格のひとつである国家責任が果たされなくなる。現在進行している生活保護利用者に対する就労支援の外部委託化政策では、その支援に携わる者の雇用の不安定さが指摘されているが、それは現在では、生活保護ソーシャルワーカーにもあてはまることである（上林2021a:38-42）。

　ここまで、分離論の立場に立つ清水の見解を詳細に分析することで、分離論の主張を分析してきた。本研究では、分離論と統合論との相違点だけでなく、その共通性を抽出することができた。多職種連携の重要性がより叫ばれている今日、生活保護ソーシャルワーカーも行政機関だけではなく多様な機関・施設との連携が必要であることは言うまでもない。それら関係機関・施設で働いている職員の身分が安定することは、統合論・分離論の立場に関係なく願われていることである。職員の身分を保障するという統合論と分離論の共通項を前提とした場合、分離論が主張するように生活保護ソーシャルワーカーの業務を細分化することは、それこそ非効率ではないか。分離論が主張するように細切れで支援が展開されると、その全体像がわからなくなる。それを把握した人物が、支援の場では必要不可欠ではないか。そのためには、やはり統合論の立場から、生活保護ソーシャルワーカーの業務が展開されることが望ましいのではないか。

　一方、生活保護ソーシャルワーカーに付随する権力については、分離論の主張は不十分な点が認められた。清水は、生活保護ソーシャルワーカーの業務を分離することが、それに関わる権力やパターナリズムの課題を解決するものであるとの認識を示しているが、たとえ分離を行ったとしても、経済的給付という側面が残る限り、そこには給付を行う側の権力やパターナリズムの課題は残ることとなる。この問題は、分離論・統合論の立場に関わらず、すっきりと解決することは困難であろう。それであれば、生活保護ソーシャルワーカーに権

力があることを認め、生活保護利用者との関係のなかでも、パターナリズムに陥る可能性を承知したうえで、業務を展開していくことが望まれるのではないかと筆者は考える。

7. 考察—公扶研が統合論の立場に立つことの意義

　本章では、公扶研が生活保護ソーシャルワーカーの役割についてどのような認識をもっているのかについて、公扶研内部で行われた議論ならびに、生活保護ソーシャルワーカー業務外部委託化をめぐる議論を通して、明らかにしてきた。その結果、今日において公扶研は統合論の立場にあることが述べられた。筆者は統合論の立場から本研究を進めているが、その一方で分離論の立場で論陣を張る清水浩一による主張を探ることによって、分離論が生活保護ソーシャルワーカーの業務ならびに当事者である生活保護利用者に貢献する可能性があることが示された。
　分離論が一定の説得力をもつ以上、統合論からの主張は、分離論が有していない側面を抽出し、その点から独自性を示す必要がある。統合論の立場であることが明確になった今日の公扶研は、研究運動団体として、統合論の利点をいかに生活保護ソーシャルワーカーならびに当事者に還元することができるのか。
　本研究におけるこれまでの議論によって、公扶研ならびにその前身である公扶研連は、生活保護ソーシャルワーカーの身分や雇用を守るために、労働組合としての色彩をもった側面を強く有していたため、そこには当事者である生活保護利用者への視点が欠けていたことが明らかになった。その結果として生じたのが1993（平成5）年の福祉川柳事件であり、公扶研連はそれへの反省を行うとともに、公扶研への組織改編を行った。しかし、そこでの教訓は十分に引き継がれず、2017（平成29）年には小田原ジャンパー事件が発覚することとなった。これらのことから、今日の公扶研は研究運動団体として当事者との向き合い方を再考せざるを得ない状況にあるといえる。その際、分離論の主張は、生活保護ソーシャルワーカーのパターナリズム脱却のための手段として、ソー

シャルワークと経済的給付の分離を主張する。それに対して、今日の公扶研は統合論の立場から生活保護ソーシャルワーカーがパターナリズムに陥るリスクを抱えることは承知のうえで、ソーシャルワークと経済的給付をあわせた支援の利点を主張しているのである。

　筆者はここで分離論の立場には、一定の可能性があることを認めながら、公扶研が立つ統合論の視点から公的扶助研究運動団体のあり方について考察を展開していく。分離論の視点から生活保護ソーシャルワーカーと当事者の関係を眺めたとき、生活保護ソーシャルワーカーのパターナリズムについて、それを完全に脱却することはいかなる手段を用いても困難である。なぜなら、生活保護ソーシャルワーカーは、経済的給付を行う権力を有しており、それがある以上、パターナリズムを克服することはできない。このような主張が分離論から提出される。

　では、同じ事象を統合論の立場から眺めた場合、その風景はどのように描写されるのか。統合論は、生活保護ソーシャルワーカーに権力があり、当事者に対するパターナリズムの危険性があることを承知のうえで、それでもソーシャルワークと経済的給付を合せて提供する必要性を主張する。それは、生活保護利用者の生活は細切れではなく、当事者支援のためには、その者が置かれている状況をトータルにみる必要性があると統合論が考えるからである。これらの主張に加えて筆者は、公扶研が統合論の立場に立つことの意味を考えたい。

　公扶研は研究運動団体であるから、そこには生活保護利用者が置かれている現状を社会に対して組織的に訴えていくことが求められている。そのためには、当事者である生活保護利用者の声を聞くための機会が必要となる。その際、本研究のなかでも明らかにしたように、生活保護利用者は、当事者組織を作りにくいという課題が存在する。公扶研はまずこの点について、当事者へのバックアップをすることが求められているのではないか。そこに、公扶研が組織として統合論の立場に立つことの意義がある。なぜなら、この事象を分離論サイドから眺めた場合、当事者組織を作ることの必要性は薄れるからである。それは、分離論は生活保護ソーシャルワーカーのパターナリズムを恐れるあまり、ソー

シャルワークと経済的給付を切り離すことによって、当事者の生活をトータルに眺める視点を忘却していることに起因する。公扶研が研究運動団体として、当事者組織の結成や活動を支援していくためには、当事者である生活保護利用者の生活をトータルな視点からみていくことが必要である。その理由は、上記のように生活保護利用者が抱える課題が多岐にわたることに起因する。

　例えば、本研究のなかにおいても取り上げた生活保護利用者に対するバッシングは、ひとりの当事者だけでは抗えない問題である。そこで、組織的に当事者同士が繋がることができる場の設定が必要となるわけであり、そこには本研究で主題としている公扶研の出番がある。しかし、そこには当事者をバックアップするポジションにある生活保護ソーシャルワーカーの支援が不可欠である。当事者組織の結成や運営を支える側にある公扶研メンバーは、当事者の置かれている状況を知る必要があるが、これが仮に分離論の立場から行われた場合にはその作業は難航を極めることとなる。なぜなら、分離論では当事者が抱えている課題をトータルにみようとする視点を最初から有していないからである。公扶研が組織として統合論の立場に立つことは、当事者不在が指摘されてきた運動団体を変革する可能性をもつ。その際、公扶研は、当事者と長年向き合ってきた歴史を有する他の社会運動団体と連携し、それらに学びながら運動を展開していく必要がある。

　その一方で、分離論から主張される生活保護ソーシャルワーカーのパターナリズムに関する課題については、統合論の立場に立つ公扶研も真摯に受け止める必要がある。生活保護利用者の生活をトータルにみることは、今日の生活保護制度に則って行政運営がなされる限り、必然的に権力が発生することとなる。その権力を担った生活保護ソーシャルワーカーは、自らが生活保護利用者の生活をコントロールし、パターナリズムに陥る危険性を纏った存在であることを常に自覚していくことが必要である。しかし、このような自覚を個々の生活保護ソーシャルワーカーに促すには自ずから限界がある。公扶研はこの点について、生活保護ソーシャルワーカーは、本人の自覚の有無に関わらず権力を有している存在であること、またパターナリズムに陥るリスクが常時存在している

ことを、研修等を通して社会に伝達していく責任がある。そのことは、公扶研が研究運動団体として社会のなかに存在していくうえで行うべき役割であり、義務であると筆者は考える。

【注】
1) 令和元年12月23日閣議決定「令和元年の地方からの提案等に関する対応方針」https://www.cao.go.jp/bunken-suishin/doc/k_tb_r1_honbun.pdf（2023年4月21日アクセス）。
2) 厚生労働省社会・援護局保護課「保護の実施機関における業務負担軽減に向けた方策について」https://www.mhlw.go.jp/content/000763820.pdf（2023年4月21日アクセス）。
3) 今後の福祉事務所における生活保護業務の業務負担軽減に関する調査研究　研究会「今後の福祉事務所における生活保護業務の業務負担軽減に関する調査研究報告書」https://www.mhlw.go.jp/content/12002000/000946325.pdf（2023年4月21日アクセス）。
4) 厚生労働省社会・援護局保護課「訪問計画に基づく訪問の取扱いの見直しについて」https://www.cao.go.jp/bunken-suishin/teianbosyu/doc/tb_r1fu_12mhlw_14a.pdf（2023年4月21日アクセス）。

【引用・参考文献】
秋山智久（1998）「社会福祉の専門職性と社会福祉教育」一番ヶ瀬康子・大友信勝・日本社会事業学校連盟編『戦後社会福祉教育の五十年』ミネルヴァ書房.
秋山智久（2007）『社会福祉専門職の研究』ミネルヴァ書房.
伊藤淑子（1996）『社会福祉職発達史研究―米英日三カ国比較による検討』ドメス出版.
稲生久雄（2003）「ケースワークの概念をどう整理するか」『公的扶助研究』190.
今村雅夫（2003）「『自立』をどう捉えるか」『公的扶助研究』190.
岩崎晋也（2002）「なぜ『自立』社会は援助を必要とするのか―援助機能の正当性」古川孝順・岩崎晋也・稲沢公一・児島亜紀子『援助するということ―社会福祉実践を支える価値規範を問う』有斐閣.
岩田正美（2021）『生活保護解体論―セーフティネットを編みなおす』岩波書店.
浦野さとみ（2022）「中野区における生活保護ケースワーク業務の外部委託問題―連携による調査、議会論戦」『公的扶助研究』264.
大友信勝（2016）「『仲村・岸論争』から学び得たもの」『社会福祉研究』125.
岡部卓（2003）「公共性の中身をどう考えるか」『公的扶助研究』190.
小熊英二（2019）『日本社会のしくみ―雇用・教育・福祉の歴史社会学』講談社現代新書.
小倉襄二（1962）『公的扶助―貧乏とその対策』ミネルヴァ書房.
加藤薗子（2005）「仲村・岸論争」真田是編『戦後社会福祉論争（オンデマンド復刻版）』法律文化社.
上林陽治（2021a）「生活保護面接相談員はなぜ非正規化するのか」『公的扶助研究』263.

上林陽治（2021b）『非正規公務員のリアル―欺瞞の会計年度任用職員制度』日本評論社.
上林陽治（2023）「相談支援と非正規公務員の関係―経過・現状・問題」『福祉社会学研究』20.
木藤孝祐（2021）「先行事例としての福岡市委託事業について」『公的扶助研究』261.
木下武徳（2011）「公的扶助における現金給付とケースワークの分離―1960年代から1980年代のアメリカでの論争から」『北星学園大学社会福祉学部北星論集』48.
木下武徳（2018）「ケースワーカーとはどんな人？福祉事務所はどんな職場？」岩永理恵・卯月由佳・木下武徳編『生活保護と貧困対策』有斐閣.
小久保哲郎（2020）「ケースワーク業務の外部委託化は法的に許されるのか―いま改めて立法経緯に立ち返り『国家責任の原理』を考える」『公的扶助研究』259.
小山進次郎（1975）『改訂増補　生活保護法の解釈と運用（復刻版）』全国社会福祉協議会.
坂下晃祥・田中秀和(2011)「社会福祉主事任用資格の歴史と課題」『花園大学社会福祉学部研究紀要』19.
桜井啓太（2020a）「生活保護ケースワークの外部委託化提案の経緯と今後」『公的扶助研究』258.
桜井啓太（2020b）「生活保護ケースワーク業務の外部委託化提案の経緯とこれから」『賃金と社会保障』1754.
清水浩一（2003）「新しい制度とケースワーク的業務のあり方」『公的扶助研究』190.
清水浩一（2019）「善意と権力―生活保護とソーシャルワークの不幸な関係」『明治学院大学社会学・社会福祉学研究』152.
白沢久一（1968）「公的扶助ケースワーク論争の遺産と課題（Ⅰ）」『北星論集』5.
杉村宏（2011）「生活困難者の課題―公的扶助ソーシャルワーカーを中心に」『公的扶助研究』223.
杉村宏・林直久・清水浩一・日比野正興（2003）「討論　生活保護法『改正』論議をめぐって」『公的扶助研究』189.
杉村宏・今村雅夫・稲生久雄・岡部卓・清水浩一（2003）「討論　生活保護の共通の実践課題と『自立の助長』の分離論と統合論をめぐって」『公的扶助研究』190.
全国公的扶助研究会（2003a）「シンポジウム　生活保護法『改正』を現場から考える―第二六回公扶研関東ブロックセミナーより」『公的扶助研究』189.
全国公的扶助研究会（2003b）「生活保護法におけるソーシャル・ケースワークは、いかにあるべきか―全国公扶研二〇〇三年度総会記念シンポジウムより」『公的扶助研究』190.
全国公的扶助研究会（2021a）「令和元年12月23日閣議決定『生活保護におけるケースワーク業務の外部委託化』についての全国公的扶助研究会の見解と意見」『公的扶助研究』260.
全国公的扶助研究会（2021b）「令和3年3月31日厚生労働省社会・援護局事務連絡『保護の実施機関における業務負担軽減に向けた方策について』へのコメント」『公的扶助研究』262.
全国公的扶助研究会（2022）「生活保護におけるケースワーク業務の外部委託化に対する声明」『公的扶助研究』264.
武井瑞枝（2022）「生活保護ケースワーカーとスーパービジョン―適切支援と適正支給の狭間―」『社会福祉研究』143.
田中秀和(2017)「生活保護ケースワーカーを描いた漫画作品におけるソーシャルワーカー像の研

第 5 章　当事者との関係を模索する公的扶助研究運動

　　究」『ソーシャルワーカー』16.
田中秀和（2020）「生活保護ケースワーカーの現代史―全国公的扶助研究会とメディアに登場するフィクション作品との関係に着目して」『立正大学社会福祉研究所年報』22.
田中秀和（2021）「福祉マンパワー政策における社会福祉主事の位置づけに関する歴史研究―社会福祉士・精神保健福祉士との関係に着目して」『ソーシャルワーカー』20.
谷口伊三美（2020）「ケースワーカー業務の外部委託化」『公的扶助研究』258.
鶴幸一郎（2021）「生活保護制度におけるケースワーク業務の外部委託化について」『公的扶助研究』260.
戸田典樹（2021）『公的扶助と自立論―最低生活保障に取り組む現場実践から』明石書店.
仲野浩司郎（2021）「生活保護ケースワーク業務の外部委託化について考える―生活困窮者自立支援制度の現状と課題から」『公的扶助研究』262.
中村健（2021）「外部委託化に関する各種報告」『公的扶助研究』260.
中村健（2022）「ケースワーク業務の外部委託化に関する報告書」『公的扶助研究』266.
楢原憲太（2022）「公的扶助とケースワークをめぐる議論の変遷と再評価―仲村・岸論争の再考を通して―」『明治学院大学大学院　社会福祉学』46.
日本社会福祉学会（2004）「日本社会福祉学会の50年＜その1＞」日本社会福祉学会編『社会福祉学研究の50年―日本社会福祉学会のあゆみ』ミネルヴァ書房.
濱口桂一郎（2013）『若者と労働―「入社」の仕組みから解きほぐす』中公新書ラクレ.
牧園清子（2017）『生活保護の社会学―自立・世帯・扶養』法律文化社.
村田隆史（2018）『生活保護法成立過程の研究』自治体研究社.
森下千鶴子（2021）「職場から考えるケースワーカーの仕事づくり」『公的扶助研究』260.
山手茂（1996）『福祉社会形成とネットワーキング』亜紀書房.
湯浅誠（2008）『反貧困―「すべり台社会」からの脱出』岩波新書.
横山豊治（2007）「社会福祉士制度の到達点と課題―養成教育と任用の現状を中心に」山手茂・園田恭一・米林喜男編『保健・医療・福祉の研究・教育・実践』東信堂.
吉永純（2020）「生活保護ケースワーク民間委託の問題点」『公的扶助研究』258.
六波羅詩朗（1991）「イギリスと日本の公的扶助制度の比較」『長野大学紀要』13(2・3).
脇山園恵（2020）「同時多発的な貧困・生活困難に遭遇して、今、何を一体とするべきか」『公的扶助研究』258.

終章　本研究のまとめと結論

―公的扶助研究運動と当事者との関係確立に向けて

1．本研究のまとめ

（1）本研究において明らかになったこと

　以上の論考を通して、ここではまとめとして、本研究において明らかになったことについて述べる。

　序章では、生活保護ソーシャルワーカー任用の歴史と現状を述べることによって、生活保護ソーシャルワーカーが社会福祉主事任用資格と関連が深いことが明らかになった。その一方で、社会福祉主事任用資格は、「三科目主事」と揶揄されるほど資格取得が容易であり、その役割や専門性が今日においても曖昧なままであることが明らかになった。また、生活保護ソーシャルワーカーの職場は人気がなく、配属を希望する職員が少ないという側面をもち、福祉専門職採用を実施している地方自治体は半数未満であり、専門職として十分に確立していないことが述べられた。

　第1章では全国公的扶助研究会（以下、公扶研）と全国障害者問題研究会（以下、全障研）との比較を通して、公扶研は研究運動開始当初から自主路線のスタイルをとることで労働組合としての色彩をもった側面を有していたため、当事者と向き合う機会が少なく、当事者不在のなかで運動が継続されたことが明らかになった。

　一方、全障研は1970年代の養護学校義務化をめぐる議論のなかで当事者から反発の声が挙がり、それに向き合わざるを得ない歴史を有していた。そのため

全障研は、研究運動開始当初から当事者と向き合う機会をもっていたのである。この事実に対し、筆者は公扶研が当事者との関係を形成する機会を逸したとの結論を導き出した。公扶研は研究運動開始当初から当事者と向き合う機会が少なくならざるを得ず、生活保護ソーシャルワーカーが考える当事者のよりよい生活と、当事者自身が捉えるそれとのずれを修正することができなかった。

第2章では、公的扶助研究全国連絡会（以下、公扶研連）が当事者不在に直面した福祉川柳事件を取り上げた。ここでは、当該事件の舞台となった機関誌の編集作業が公扶研連という組織のなかで、特定の個人に任されていたこと、事件後において公扶研連は機関誌編集責任者に責任を取らせることで収束を図っていたことが明らかになった。また、福祉川柳事件を経験した公的扶助研究運動を担うメンバーに対するインタビュー調査結果を用いて、福祉川柳事件を経験したメンバーがその反省から当事者と向き合おうとする姿が浮かび上がった。

第3章では、福祉川柳事件と類似する側面を有する小田原ジャンパー事件を取り上げた。小田原ジャンパー事件は、偶然配属された生活保護ソーシャルワーカーが、罪悪感なく生活保護利用者を威圧する取り組みを実行していたものである。一方、この事件では、事件後における検討会のメンバーに元生活保護利用者を参画させる等、事態の収拾と改善を図ろうとする市の努力の跡が見受けられた。

第4章では、福祉川柳事件と小田原ジャンパー事件の比較を行った。ここでは、両事件における背景を「ねじれ」として捉えた。ここで述べている「ねじれ」とは、生活保護ソーシャルワーカーの人事政策と専門性をめぐる不一致であり、両事件の背景には、これらの要素が絡み合っていることを明らかにした。また、それぞれの事件は生活保護ソーシャルワーカーから当事者に対するパターナリズムが課題として挙がっているが、その性質が異なっていることを述べた。ここでは、両事件におけるパターナリズムが表出されるに至ったメカニズムに着目し論述を行った。その結果、福祉川柳事件におけるパターナリズムが表出されるに至ったメカニズムは、「生活保護ソーシャルワーカーとクライエントの

『不幸な関係』の中で滲み出た負の感情表出」と名付けた。一方、小田原ジャンパー事件におけるパターナリズムが表出に至ったのは、「『権力正当化』メカニズムの表出」によるものであった。

　両事件における発生源の違いを考察すると、小田原ジャンパー事件は、地方自治体という生活保護に関わるシステムをコントロールしやすい立場の組織が引き起こした事件であった。そのため、小田原市による事件収束と反省の想いは、その後の変化に直接結びつきやすかった。しかし、福祉川柳事件では、事件を引き起こした組織が自主的研究運動団体であったため、そこから導き出された反省や課題について、迅速に制度改善へ繋げることが困難な状況に置かれていた。

　以上のような状況から、筆者は小田原ジャンパー事件の発生要因のひとつに、福祉川柳事件による公扶研連の反省が社会のなかで十分に引き継がれなかったことを挙げた。それは、小田原ジャンパー事件が、生活保護利用者の人権を擁護しようとする姿勢に欠けていることに見受けられた。そのなかでも、今日における公的扶助研究運動は当事者不在を改善しようとする種々の動きがみられることが明らかになった。

　第5章では、公扶研内部で行われてきた論争ならびに、近年議論されている生活保護ソーシャルワーカー業務外部委託化を題材として、公扶研が生活保護ソーシャルワーカーの役割についていかに捉えているのかを歴史的に分析した。ここではまず、生活保護ソーシャルワーカーの役割をめぐる議論を歴史的に整理した。その後、公扶研が2003（平成15）年に開催した第26回公的扶助研究関東ブロックセミナーにおける「シンポジウム　生活保護法『改正』を現場から考える」、ならびに公扶研2003年度総会記念シンポジウムを取り上げた。ここで明らかになったことは、生活保護ソーシャルワーカーの役割をめぐる議論のなかでは、統合論と分離論の立場があることであった。また、上記に挙げたシンポジウムにおいては、公扶研のなかにも多様な意見が混在しており、公扶研組織として明確に生活保護ソーシャルワーカーの役割について、あるべき姿を提示することは行われていなかった。

本研究では上記に引き続き、近年の生活保護ソーシャルワーカー業務外部委託化政策に批判的検討を加えた後、当該政策に対する公扶研の対応を、これまで発行されてきた機関誌等から明らかにした。このことからは、近年、公扶研においては生活保護ソーシャルワーカー業務外部委託化政策に対して、明確に反対の立場にあることが明らかになった。公扶研が当該政策に反対する理由は、生活保護ソーシャルワーカーの役割として、当事者の生活をトータルに捉えることを目指しているからである。この考えは、長年にわたる生活保護ソーシャルワーカーの役割をめぐる論争のなかでは、統合論の主張に沿うものであり、公扶研は近年、明確に統合論の立場に立つことが明らかになった。

　その一方、本研究においては統合論とは反対の立場にある分離論の主張にも一定の合理性があるとの考えから、その主張を詳細に分析した。その結果、統合論と分離論は、共に生活保護ソーシャルワーカーの当事者に対するパターナリズムを警戒している共通点があることが明らかになった。しかし、統合論と分離論ではその対処法が異なっていた。それは、統合論では、生活保護ソーシャルワーカーのパターナリズムを警戒しながらも、パターナリズムへの自覚を促すことで、ひとりの生活保護ソーシャルワーカーがソーシャルワークと経済的給付をあわせて当事者に提供すべきと考えるのに対し、分離論では、生活保護ソーシャルワーカーのパターナリズムの危険性を回避するため、ソーシャルワークと経済的給付を行う人物を異にすることを主張していた。筆者は統合論の立場から、公扶研が研究運動団体として当事者のサポートを実行していくためには、パターナリズムの危険性を認識したうえで、統合論の立場に立つ必要があるとの主張を展開した。

（２）当事者と向き合うためのシステム構築をめぐって

　本研究におけるインタビュー調査では、今後の公的扶助研究運動を考えるうえで重要な課題である生活保護ソーシャルワーカーの研修体制ならびに福祉専門職採用について、以下のように語られた。この点については、筆者が考える今後の公的扶助研究運動のあり方に関連するので、ここでインタビュー結果を

示す。

①研修体制の現状

　調査対象者からは、生活保護ソーシャルワーカーの研修体制について、「若い方が、社会に出てすぐ生活保護ソーシャルワーカーとして、ケースを担当するのは、かなり厳しいこと」との認識が示された。また、「（生活保護）利用者との関係で、相手の方から強い言葉で言われたり。生活保護の収入申告が、なかなかスムーズにいかない場合、生活保護ソーシャルワーカーからの指導や指示が、うまくいかずに（当事者と）こじれるような場合があり、（結果的に）メンタル面でも（不調が）出てくることもある」と語られた。これについては医師や弁護士など他の対人援助専門職との比較のうえで、社会福祉分野では研修が少ない旨が述べられた。

　調査対象者は、自身の経験を踏まえ、「福祉事務所の雰囲気というのが、だんだん変わってきている」との認識をもっており、その理由として、本研究においても取り上げた、1981（昭和56）年の「123号通知」を挙げた。調査対象者は、「123号通知」の前と後では、生活保護利用者に対する生活保護ソーシャルワーカーの見方が変化したという。また、「123号通知」より以前は、職場で生活保護利用者に関する相談を「ケース検討会」などで行うことや、業務終了後においても自身が担当している生活保護利用者についての相談を行うことができる環境であったとの認識であった。しかし、「123号通知」以降においては、「業務多忙」でなかなかそのような時間を取ることができないと語られた。インタビュー調査では、生活保護ソーシャルワーカーを福祉事務所全体で、支えていく重要性が述べられた。

②福祉専門職採用の利点と現状

　福祉専門職採用を行っている地方自治体では、生活保護ソーシャルワーカーに対する研修体制も充実している。調査対象者は、横浜市を例に挙げて以下のように語られた。

横浜市では福祉専門職採用に長い歴史がある。そのなかで、「生活保護の現場では、生活保護ソーシャルワーカーと係長級は全て社会福祉職で、配置している」。福祉専門職採用を実施している地方自治体とそれを行っていない地方自治体では、支援の質に差があり、福祉専門職採用を行っている地方自治体の生活保護ソーシャルワーカーは、「積み上げが違う」との認識を示された。それは、「経験値の幅」の違いである。

　また、横浜市では生活保護ソーシャルワーカーが研修を受ける必要性が生じた場合、業務として認められるものもある。インタビューでは、横浜市において、社会福祉主事をはじめとする資格取得や、研修受講を公費で賄うこともあり得ることが語られた。

　一方、調査対象者からは、生活保護ソーシャルワーカーの生活保護利用者に対するパターナリズムに関する質問のなかで、以下のような認識が示された。それは、「ある程度福祉の勉強をしていたり研究運動を行っていれば」生活保護ソーシャルワーカーは自身のパターナリズムを自覚することが可能であるものの、一般行政職で採用された者は、残念ながらそのような認識に乏しいとの意見であった。

（3）研修体制が不十分な生活保護ソーシャルワーカーが置かれた状況

　筆者は、本研究におけるこれまでの議論を踏まえて、当事者不在に直面した公的扶助研究運動における課題のひとつとして、生活保護ソーシャルワーカーの研修体制があると考えている。その理由は、本研究において取り上げた畑本裕介が指摘しているように、福祉川柳事件が発生した背景には生活保護ソーシャルワーカーをめぐる人事政策があると考えているからである。生活保護ソーシャルワーカーが当事者である生活保護利用者を理解し、関係を構築していくためには、体系的かつ継続的な研修システムが必要となる。この点については、インタビュー調査のなかでも言及された。具体的には、今日の生活保護ソーシャルワーカーに関するシステムでは、入職後に十分な研修体制が保障されておらず、そのなかで個々の地方自治体が模索しながら、独自の研修システムを導

入しているということである。
　これまで述べてきたように、生活保護ソーシャルワーカーになるためには、社会福祉主事任用資格が必要であるものの、それは「三科目主事」と揶揄されるほど資格取得が容易であり、資格が生活保護ソーシャルワーカーとしての力量形成を約束されるものではもちろんない。そのようななか、個々の地方自治体では独自に生活保護ソーシャルワーカーが力量形成をしていくことが可能なシステムを作ってきた歴史がある。
　例えば神戸市は、福祉専門職採用の歴史が長い地方自治体である。神戸市では、地方行政官僚の檜前俊彦による尽力によって、1958（昭和33）年から福祉専門職採用試験が実施されている。その背景のひとつには、当時、関西学院大学で教鞭をとっていた竹内愛二から、福祉行政の現場に福祉系大学出身者を採用すべきと説かれ、檜前がそれに強く印象づけられたことがあった（高間1999:209-214）。専門職採用当初、福祉現場での受け入れはスムーズにいかず、以前からの職員とのあいだには多少の摩擦があった。このようななか、1959（昭和34）年、福祉専門職採用の職員の交流の場として、毎週金曜日に実施される自主的研究会活動が「金曜会」であった（高間2015:1-14）。この「金曜会」を起点として、全国各地で展開された自主的研究会活動は、公扶研連の結成に繋がっていくひとつの要因となる。
　一方、横浜市も社会福祉職採用に長い歴史をもつ地方自治体である。横浜市では、「生活保護を含む全ての社会福祉の現場で、直接支援を担う職員は全て常勤の社会福祉職が配置」されるだけでなく、「社会福祉関連の本庁部門にも社会福祉職が配置されて」いる（横山2019:20）。
　横浜市では、要保護者からの相談にあたっては、各区に生活保護に精通しているベテランケースワーカー（社会福祉職）を配置し、十分に時間をかけた懇切丁寧な対応を行っている。保護の申請にあたっても、申請権を侵害しないよう留意するとともに、申請の意思のある相談者には申請手続きの援助を行っている。また、相談の結果、保護申請に至らなかった場合においても、他の制度施策を紹介する、関係部署（機関）に案内するなど、きめ細かな対応を行って

いる（横山2008:28）。

　また、横浜市では、各種の研修などを通して、専門的支援能力（対人支援、困難事例対応力）のレベルアップが求められている。生活保護に関わる業務は、精神的な負担感も多い業務でもあり、専門職の人材育成が結果として生活保護利用者に対する支援、ひいては保護の適正実施にもつながるとされる。生活保護所管課としても、中堅、ベテラン生活保護ソーシャルワーカー、新任、現任査察指導員を対象とした階層別研修を重点的に実施し専門的なスキルアップを図り、人材育成に努めている。さらに、生活保護法施行事務指導監査においても、人材育成の観点から、個別監査終了時における生活保護ソーシャルワーカーとのヒアリングを重視している。横浜市の監査は、単に誤りを指摘するのではなく、いかに改善につなげていくかなど支援的監査を行っている（横山2008:29）。

　本研究におけるインタビュー調査のなかでも、横浜市の人事制度について生活保護ソーシャルワーカーはすべて社会福祉職であること、社会福祉専門職の資格要件のための費用を市が補助していることが語られている。その一方で、インタビューのなかでは、上述のように、生活保護ソーシャルワーカーが採用されたあとの研修体制の不十分さを指摘する声が挙がっている。調査対象者らは、現在の生活保護ソーシャルワーカーの置かれた職場環境は厳しく、生活保護ソーシャルワーカー個人に努力を求めることには限界があること、それに対応するには組織的な取り組みが必要であるとの認識を示していた。

　福祉専門職採用の歴史が長い地方自治体では、キャリア形成に関する方法が蓄積されているとされる。また、今日においては、ソーシャルワークに関する知識・技術をもった専門職を公務労働という枠組みのなかで活かすシステム作りが求められている（村田・工藤・宮本・葛西・最上2020:88）。

　公扶研連では、1982（昭和57）年の第17回全国セミナー（名古屋市）において、初めて基礎講座が設けられた。その背景には、福祉事務所における人事異動のペースが早まり、生活保護ソーシャルワーカーの経験年数の短さ、若年齢化が進んでいたことがある。そのようななかで、公扶研連は自主的研究運動団体として、次の担い手を育てるとともに、必ずしも希望しないで福祉事務所に

異動となった職員を対象とするプログラムを新設することとなった（大友2000:123-124）。この基礎講座は、公扶研連から公扶研へと組織再編が行われた以降も毎年の全国セミナーにおいて継続しており、今日におけるそれは、「初級学校」と名称を変え活動を継続している。

　また、2017（平成29）年には第50回全国セミナー（岩手県盛岡市）開催にあわせて、公扶研では『よくわかる生活保護ガイドブック』を2冊シリーズで出版した。ガイドブック1は、『Q＆A 生活保護手帳の読み方・使い方』と題され、公扶研会長の吉永純を編者として発行された（全国公的扶助研究会監修、吉永編2017）。ガイドブック2は、『Q＆A 生活保護ケースワーク支援の基本』であり、吉永とともに、公扶研副会長の衛藤晃も編者のひとりとなっている（全国公的扶助研究会監修、吉永・衛藤編2017）。

　同シリーズ第2巻の監修を担った衛藤からは、同書を企画した発端の出来事として、生活保護ソーシャルワーカーから、「新人が読む本を作ってほしい」、「研修に使える本が欲しい」、「ステップアップするための実践書があれば」とのリクエスト、ニーズがあったことを明らかにしている。それに応え、生活保護ソーシャルワーカーの支援する力の向上に少しでも寄与したいとの想いから同書は執筆された。また、衛藤は、同書を編纂する動機のひとつとして、生活保護ソーシャルワーカーを「指導指示」という意味に矮小化して捉えている地方自治体の存在を挙げ、生活保護ソーシャルワークの誤解を解くことを挙げている。そのうえで、「地域を守るヒーロー」である生活保護ソーシャルワーカーが、その仕事に少しでも意義を感じ、自信をもてるようにしたい、全国の生活保護ソーシャルワーカーに少しでも参考書として役立てば、との想いから同書は編まれたのである（衛藤2018:23-25）。

　このように、公扶研では自主的研究運動団体として、組織的に生活保護ソーシャルワーカーに対する研修の取り組みを継続して実施している。また、公扶研では柏木ハルコ原作の漫画作品であり、後にテレビドラマ化されるに至った『健康で文化的な最低限度の生活』の製作に全面的に協力している（田中2020:75-109）。同作品は、今日における新人の生活保護ソーシャルワーカー研修に活用

されている（渡邉2019:45-46）。

　本研究におけるインタビュー調査からは、生活保護ソーシャルワーカーがケースを担当し、仕事を遂行していくことの困難さが語られた。インタビュー結果を受けて筆者は、公扶研における今後の研究運動のあり方として、生活保護ソーシャルワーカーに対する研修体制のより一層の充実を求めたい。それは、インタビューデータからも明らかなように、今日の生活保護ソーシャルワーカーが置かれている職場環境は厳しく、当事者である生活保護利用者と向き合うことに対する困難さが増している現実があるからである。

　本書でこれまで述べてきたように、福祉専門職採用を行っている地方自治体は未だ半数に満たない。しかし、本研究のなかでも取り上げた陣内優生（2023:41-55）による研究においても示されている通り、福祉専門職採用を実施する地方自治体は増加傾向にある。このことはどのように捉えることができるであろうか。筆者は、福祉専門職採用が各地方自治体で進行していくことに異論はない。生活保護ソーシャルワーカーをはじめとする行政職員が専門性を有して、生活保護の利用者支援を行っていくことは必要な事柄である。その一方において、たとえ福祉専門職採用が進展したとしても、生活保護ソーシャルワークそのものに内包される危険性について、しっかりと認識しておく必要性をここでは指摘しておきたい。

　生活保護ソーシャルワーカーの専門性をどのように捉えるのかについての議論は、本研究のなかでも取り上げてきたようにこれまで数多くの研究が行われている。本研究では、生活保護ソーシャルワーカーがソーシャルワークと経済的給付という相反する両面を共に担う存在であることから、その危険性を取り上げてきた。それは、生活保護ソーシャルワーカーが自覚の有無に関わらず、生活保護利用者に対して権力を有している点に焦点化される。この点についての自覚が生活保護ソーシャルワーカーに欠けている場合には、いくら福祉専門職採用が全国の地方自治体に広まっても、それだけでは不十分である。本研究において取り上げた高木仁根（2021:1-15）は、生活保護ソーシャルワーカーの専門性を〈面接〉、〈人権保障〉、〈連携〉、〈計画的実践〉、〈法適用〉の５つに分

類している。筆者はこの高木による議論を参照しつつ、高木の定義する生活保護ソーシャルワーカーの専門性のひとつである〈法適用〉について、生活保護ソーシャルワーカーが有する権力を自覚する重要性を付け加えたい。高木が想定している〈法適用〉は生活保護ソーシャルワーカーが行う法令・実施要領の解釈、適用を挙げているが、生活保護ソーシャルワーカーが有する権力については触れられていない。筆者がここで、高木による先行研究の分類のなかで〈法適用〉のなかに生活保護ソーシャルワーカーの権力について取り入れる必要があると考えるのは、現状のシステムにおいて生活保護ソーシャルワーカーが行う職務は公務員としてのものであるからである。筆者は生活保護ソーシャルワーカーが有する権力について、それが性格などの個人的要因に帰属するものではないと考えている。それは、たとえ生活保護利用者に対する人権意識が高く、意欲的に仕事を遂行する生活保護ソーシャルワーカーであったとしても、公務員が法適用を行うことによって生活保護の利用者支援を行うことを職務とする以上、それを担う者には必然的に権力が付与されるからである。よって、生活保護ソーシャルワーカーが公務員として法適用という職務を遂行する際には必然的に権力が付与されること、ならびにそれは個人的要因ではなく、行政システムのなかで生じるものであることを公扶研が行う研修プログラムにおいても伝えていくことが必要である。

（4）公的扶助研究運動の意義

　本研究では、公的扶助研究運動の歴史を追うことによって、それが生活保護「適正化」政策や、水際作戦等による当事者の権利ならびに生活を守るためのものであることを明らかにしてきた。また、公的扶助研究運動は、配置転換（以下、配転）のリスクを背負っていたため、それを防ぐために労働組合としての側面が強くなり、そのことが結果的に当事者不在を招いたことを論述してきた。公的扶助研究運動を担う生活保護ソーシャルワーカーは、自らの職をかけて当事者の生活を守ろうとしてきたのである。生活保護ソーシャルワーカーが配転というリスクを抱えながら研究運動を遂行することには種々の困難がある。本

研究のなかで述べてきたように、公的扶助研究運動団体は自主的な性格を有しているため、それを行うことは生活保護ソーシャルワーカーの義務ではない。研究運動を行うことにはリスクがあり、それを行うことは、生活保護ソーシャルワーカーが所属する地方自治体側からみても好意的な評価は得られにくいのである。

　では、上記のようなリスクや困難を抱える公的扶助研究運動はなぜ継続され、今日までの歴史を刻むことができているのであろうか。そこには、上記のようなリスクや困難に負けない公的扶助研究運動の意義があるのではないかと筆者は考える。本研究で取り上げてきた公扶研は研究運動団体であるから、その運動は個人で行うものではない。一人ひとりの生活保護ソーシャルワーカーが日々の業務のなかで感じる困難は、本研究のなかで明らかにしてきたように、決して個人的問題ではなく、その背景にある国の政策環境が大きく関係をしている。そのような背景があるなかで、全国各地には類似した悩みや困難を抱えている生活保護ソーシャルワーカーが存在しているのである。

　しかし、それらの者は日々の業務のなかで自らが抱える悩みや困難を共有しているわけではない。また、本研究のなかで明らかにしてきたように、生活保護ソーシャルワーカーの採用や配置に関する行政システムはいまだ十分に整備されておらず、意欲のある生活保護ソーシャルワーカーを支える仕組みは各地方自治体によってばらつきがあるのが現状である。そのようななかで、公扶研は、ここで述べているような個々の生活保護ソーシャルワーカーが抱える悩みや種々の葛藤等について、研究運動を担うメンバー同士で共有する機能がある。それは、研究運動を担うメンバーの孤立を防ぎ、自らのアイデンティティを確認することのみならず、生活保護ソーシャルワーカー自身のエンパワメントに繋がるものである。さらに、公扶研は、個々の生活保護ソーシャルワーカーによる日々の実践のなかで紡ぎだされる、当事者の生活を支えるための制度改善や新たなシステム構築に向けての考えをまとめ、ソーシャルアクションを行うことも可能であるし、またそれを行っていくことが当事者の生活を守るためには必要である。

公的扶助研究運動が種々の困難を抱えながら、今日まで歩みを続けることができているのは、研究運動を担う熱意ある生活保護ソーシャルワーカーらが、メンバー同士の支え合いを通して、自らと同様の困難を抱えながらも懸命に当事者のために業務を行う全国各地に存在する生活保護ソーシャルワーカーと出会い、それを日々の業務を行ううえでの活力にできているからである。また、研究運動の意義は目の前にいる当事者の支援のみならず、その背景にある政策や法律の不備や矛盾点を指摘し、当事者が生活しやすい仕組みを構築していく可能性があるものである。このように考えると、公的扶助研究運動は意義深いものであるといえる。

（5）当事者性とパターナリズム

　本研究では、一方に公扶研という研究運動団体、もう一方に生活保護利用者という当事者を置いて、それらの関係の変遷に着目してきた。ここでは、公的扶助研究運動団体が本研究で述べてきた歴史を通して、当事者と向き合うことがどこまでできているのか、またそれは本研究において取り上げてきた生活保護ソーシャルワーカーのパターナリズムといかに関連しているのかについて、再検討する。

　これまでの論述を通して、筆者は当事者不在で出発した公的扶助研究運動が、それを修正することなく時を経るなかで、直面したのが福祉川柳事件であったという論理で本研究を進めてきた。福祉川柳事件の反省を経て、公扶研連から公扶研へ組織再編がなされるなかで、生活保護ソーシャルワーカーの当事者に対するパターナリズムが指摘され、それに公扶研は向き合ってきた。このことは、本研究のなかで行われた生活保護ソーシャルワーカーに対するインタビュー調査のなかでも明らかにされている。このような経過のなかで、本研究において、当事者性とパターナリズムに関するまとめを行うとすれば、公扶研は今日においても当事者との関係を模索し、パターナリズムについても、その危険性を察知しつつ、どのようにそれと向き合っていくかを探っている最中であるということである。しかし、その方向性は、当事者を大切にし、生活保護ソーシ

ャルワーカーが権力を有していることを認めながら、パターナリズムに陥らないための方策を考えるところに向かっている。このような方向にあるなかで、本研究において取り上げた生活保護ソーシャルワーカー業務外部委託化政策をめぐる公扶研の対応は、今後の生活保護ソーシャルワーカーと当事者との関係を考えるうえで道標となるものであった。それは、生活保護ソーシャルワーカー業務外部委託化政策をめぐる公扶研の一連の動向が、組織の考え方を統合論へと明確に導いたからである。

　生活保護ソーシャルワーカーが、ソーシャルワークと経済的給付をともに担

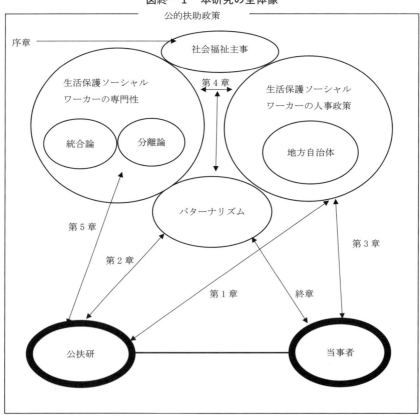

図終―1　本研究の全体像

終章　本研究のまとめと結論

うことを目指す統合論の立場にあるべきと公扶研が考えることは、これからの公的扶助研究運動の方向をより当事者の生活に注目する方向へと作用する。それは公扶研が生活保護ソーシャルワーカーのパターナリズムを警戒しながらも、当事者の生活をトータルに眺めることに繋がるものである。

　178ページに、本研究において述べてきたことを踏まえ、全体像を図示する（図終—1）。

2．本研究の到達点

　これまでの研究結果を基に、本研究における到達点について本研究において最初に示した意義と対応させて述べていく。本研究の意義として提示したのは、次の4点である。1点目は、公的扶助領域における社会福祉研究運動団体である公扶研と、障害領域において自主的研究運動を展開している全障研の比較を、歴史的に行うことによって、公扶研の課題が明らかにされることである。2点目は福祉川柳事件ならびに小田原ジャンパー事件と公扶研の対応を取り上げることによって、それぞれの事件の細部にある「ねじれ」が明らかにされることである。筆者がここで挙げている「ねじれ」とは、生活保護ソーシャルワーカーの人事政策と専門性をめぐる不一致である。3点目は、公扶研における生活保護ソーシャルワーカーの役割に関する議論を読み解くことによって、当事者と向き合う公扶研に求められる立ち位置が明らかにされることである。4点目は、福祉川柳事件を経験した公扶研のベテラン生活保護ソーシャルワーカーのインタビュー調査を通して、公扶研の公式見解ではみえないメンバーの認識が明らかにされることである。

　1点目の意義として明らかにしたことを述べていく。本研究では、公扶研と全障研の比較を通して、公的扶助研究運動は当事者不在のなかで出発したことが明らかになった。それは、公的扶助研究運動がその成立の経緯から自主的研究運動団体としての性格をもつなかで、研究運動を担うメンバーは配転のリスクを背負う必然性があり、それに対抗するために当該研究運動は労働組合的要

素を強く有していたからである。一方、全障研は設立当初から養護学校義務化をめぐる議論のなかで、当事者と向き合わざるを得ない状況に置かれていた。筆者はそれを全障研の成長の機会とみた。

しかし、公的扶助研究運動は全障研のように当事者と向き合う機会に恵まれなかった。それは研究運動と当事者の距離を遠ざける。当時の公的扶助政策に抗い、自らの配転のリスクを背負ってまで公的扶助研究運動を担ったメンバーが守りたいものは当事者の生活であったが、当時の公扶研連は当事者との関係を形成する機会を逸した。

2点目の意義として明らかにしたことは、福祉川柳事件および小田原ジャンパー事件の細部にある「ねじれ」についてである。ここでは、両事件が類似する側面を有しつつも、その細部は異なっていることを明らかにした。ここでは、両事件におけるパターナリズムが表出されるに至ったメカニズムに着目し論述を行った。その結果、福祉川柳事件におけるパターナリズムが表出されるに至ったメカニズムを、「生活保護ソーシャルワーカーとクライエントの『不幸な関係』の中で滲み出た負の感情表出」と名付けた。一方、小田原ジャンパー事件におけるパターナリズムが表出に至ったのは、「『権力正当化』メカニズムの表出」によるものであった。このような異なるパターナリズムが表出されるに至る背景には、生活保護ソーシャルワーカーをめぐる専門性と人事政策の課題があることが明らかになった。本研究では、小田原ジャンパー事件の遠因として福祉川柳事件の反省が社会のなかで十分に引き継がれなかったことを挙げた。

3点目の意義として明らかにしたことは、公扶研における生活保護ソーシャルワーカーの役割に関する議論から、当事者と向き合う公扶研に求められる立ち位置についてである。ここでは、公扶研内部で行われた論争ならびに生活保護ソーシャルワーカー業務外部委託化をめぐる議論を題材として、長年にわたり繰り広げられてきた生活保護ソーシャルワーカーの役割をめぐる議論に着目した。そこでは、公扶研内部で行われた論争のなかでは、公扶研組織として明確な立ち位置は示されていなかったことが明らかになった。その一方で、近年の生活保護ソーシャルワーカー業務外部委託化をめぐる議論のなかで、公扶研

はそれに対して明確に反対の意向であることが示された。これは、長年の生活保護ソーシャルワーカーの役割をめぐる議論のなかでは統合論に依拠するものである。

　また、本研究では統合論と対の立場にある分離論についても一定の合理性があるとの認識から、公扶研内部において今日においても分離論の立場にある論者の論考を取り上げた。そこから、統合論と分離論はともに、生活保護ソーシャルワーカーの身分の安定を求めている点、ならびに生活保護ソーシャルワーカーに権力が付与されていることを認めている点、以上の2点について共通していることが明らかになった。そのうえで、筆者は公扶研の立ち位置として、統合論の立場に立つことの意義を述べた。それは、公扶研が研究運動団体であり、当事者の置かれている状況を組織的に社会へ訴えていく必要があるからである。

　意義の4点目として明らかにしたことは、福祉川柳事件を経験した公扶研のベテラン生活保護ソーシャルワーカーのインタビュー調査を通して解明されるに至った、公扶研の公式見解ではみえないメンバーの認識である。ここでは、調査対象者が福祉川柳事件への反省を起点として、当事者と向き合おうとする姿が浮かび上がった。調査対象者は、自らが有する権力を自覚し、それを弱点として捉えていた。

　また、調査対象者からは公扶研と他の社会運動団体との連携のあり方を模索する様子が語られた。これは当事者との関係を模索する今日の公扶研にとって、当事者の置かれている状況を理解していくためには他の社会運動団体との連携が欠かせないとの認識から導かれたものであった。

　さらに、生活保護ソーシャルワーカーが置かれている不十分な研修体制について言及された。調査対象者は、今日の生活保護ソーシャルワーカーが置かれている状況は厳しく、それを生活保護ソーシャルワーカー個人の努力に任せることには限界があるとの認識を示していた。一方で福祉専門職採用に長い歴史を有する地方自治体では、生活保護ソーシャルワーカーを成長させるためのシステム作りが行われていることが明らかになった。

3．本研究の結論
―筆者が考える今後の公的扶助研究運動のあり方

　当事者との関係性を模索しながら、その歩みを続けてきた公扶研が、当事者である生活保護利用者に対し、実践していけることはなにか。それは、生活保護ソーシャルワーカーが生活保護利用者に対して権力を有していることを認めながら、それでも当事者と向き合うことを続けていこうとする姿勢を示し続けることではないか。そして、研究運動団体として、自らの組織に限らず、生活保護ソーシャルワーカーと当事者である生活保護利用者の置かれた現状を広く社会に知らしめ、その改善を図るよう働きかけていくことが必要なのではないか。

　これらを踏まえ、筆者は本研究の結論として、今後の公的扶助研究運動についての提言を行う。筆者が考える今後の公的扶助研究運動のあり方は、統合論の視点から当事者である生活保護利用者と向き合う機会をこれまで以上にもつことの提言である。

　本研究全体を振り返ったとき、公扶研の前身である公扶研連は、当事者と向き合う機会が少ない状態で研究運動をスタートさせ、その状態を脱することなく時間が経過していった。そのなかで、1993（平成5）年に福祉川柳事件が発生し、公扶研連は当事者との関係を見直す機会を得た。福祉川柳事件における反省のなかで、生活保護ソーシャルワーカーの生活保護利用者に対するパターナリズムが問われ、公扶研連は公扶研として再出発を果たした。しかし、福祉川柳事件の反省は十分に社会のなかで引き継がれることなく、2017（平成29）年には小田原ジャンパー事件が発生した。小田原市の事件後における対応は、本研究のなかで述べてきたように、元生活保護利用者を市のあり方検討会に招くことによって、当事者の目線から生活保護行政を改革していこうとするものであった。この小田原市の事件後の対応は、今後の公的扶助研究運動を考えるうえで参考になるものである。本研究で述べてきたように、当事者が考えるよ

りよい生活と、生活保護ソーシャルワーカーが考える当事者のよりよい生活にはずれが生じる。両者のずれを修正していくためには、生活保護ソーシャルワーカーと当事者の交流が欠かせない。では、ここで述べている生活保護ソーシャルワーカーと当事者がこれまで以上に向き合う機会をもつためには、どのような事柄が必要であろうか。筆者はそれについて、以下の３点を提案する。

（１）日々の業務のなかで当事者と向き合う生活保護ソーシャルワーカーに対する研修体制を充実させること

　本研究では、生活保護ソーシャルワーカーが社会福祉主事任用資格と関係が深いことを述べてきた。福祉事務所の生活保護ソーシャルワーカーは、社会福祉主事でなければならないが、それは、「三科目主事」と揶揄されるほど資格取得が容易であり、また、今日においては福祉専門職採用を行う地方自治体も少数に留まっている。このような状況のなかで、インタビュー調査において語られたように、今日の生活保護ソーシャルワーカーをめぐる研修体制は十分とはいえない。地方自治体によっては研修体制が整っているところもあるものの、それが全国に行き渡るまでにはまだ時間が必要である。そのようななか、研究運動団体として体系的な研修体制を公扶研は整備していく必要がある。

　本研究において明らかにしたように、現在の日本の生活保護制度は生活保護ソーシャルワーカーに経済的給付とソーシャルワークという２つの役割を同時に遂行することを求めている。筆者は本研究において、公扶研が当事者と向き合う際、当事者の生活を細切れにみる分離論ではなく、生活全体を見通して支援を展開していく可能性を有している統合論の立場に立つことの意義を述べた。以下で述べている公扶研が実施すべき体系的な研修体制においても統合論の視点が必要であると筆者は考える。

　以上の提言を踏まえたうえで、研修体制について、より詳細な議論を展開する。すなわち、筆者が考える研修体制とは、以下のものである。

　１．公扶研の全国セミナーにおける「初級学校」講座の内容充実

本研究のなかでも取り上げた「初級学校」は、公扶研連から再建された公扶研が年に1回開催している全国セミナーのなかで、主に新人の生活保護ソーシャルワーカー向けに開催をしているものである。ここでは公扶研を運営するメンバーが相互に講師を務めている。講座の内容についても固定はしておらず、それぞれの講師が必要と考える内容が取り上げられている。筆者はここで「初級学校」講座のプログラムとして、公扶研連ならびに公扶研の歴史を組み入れることを提案したい。「初級学校」と公的扶助の歴史は無縁ではない。近年では、2019（令和元）年に開催された全国セミナーにおいて、公的扶助の歴史がプログラムとして取り上げられている（全国公的扶助研究会・第52回公的扶助研究全国セミナー実行委員会編2019:35-38）。ここで取り上げられている歴史は、イギリスのエリザベス救貧法、日本の恤救規則や救護法、旧生活保護法、現行の新生活保護法などである。これらは、重要な事項であることは間違いない。しかし、本研究で明らかにしてきたように、公扶研連ならびに今日の公扶研が歩んできた歴史は、当事者との関係を考えるうえで、初級学校における貴重な教材としての機能を有していると思われる。今後の「初級学校」においては、公扶研連ならびに公扶研がたどってきた歴史をプログラムのなかに組み込むことが望ましいと考える。

　また、初級学校では、生活保護ソーシャルワーカーの専門性に関する議論、なかでも生活保護ソーシャルワーカーが有する権力についての言及が必須である。ここで挙げている権力は生活保護ソーシャルワーカーに対し個人的に付与されているものではなく、公務員としての職務に与えられているものであるが、これに対する自覚がなれば生活保護ソーシャルワーカーは生活保護利用者に対し、パターナリズムに陥ってしまう可能性があることをしっかりと伝達していく必要性があろう。そのことは、生活保護ソーシャルワーカーが自身の実践を振り返る機会となり、自己覚知を深めていく機能を有するものである。このことは結果的に生活保護ソーシャルワーカーと当事者との関係構築を助けることに繋がるものであるといえる。

２．全国各地で生活保護ソーシャルワーカーが振り返りの機会をもつことができる場づくり

　本研究では、これまで幾度にわたる生活保護「適正化」政策によって、本来であれば当事者の生存権を守り、人権を保障していく立場にある生活保護ソーシャルワーカーが逆に生活保護利用者の権利を脅かす存在になり得ることを述べてきた。これには、生活保護ソーシャルワーカーを取り巻く政策環境が大きく影響しているが、全国各地で実践に取り組む生活保護ソーシャルワーカーは、当事者が置かれている状況を理解するとともに、自身が実践のなかで職務として纏う権力についても自覚する必要性がある。これについて、公扶研は、年に1回の全国セミナーに留まらず、全国各地で実践を展開する「普通」の生活保護ソーシャルワーカーが自身の身近な地域において自らの実践を振り返り、自己覚知を進めていけるよう整備を行っていく必要がある。上記において述べた「普通」の生活保護ソーシャルワーカーとは、これまで本研究において取り上げてきた公扶研連ならびに公扶研において積極的に研究運動を展開しているものではない。ここでの「普通」とは、そのような研究運動に強い関心をもつことなく、日々の実践に取り組んでいる者を指す。

　今日における社会情勢のなかでは、公扶研に所属している生活保護ソーシャルワーカーは多数派ではない。公扶研が種々の研修に関する企画を立案し、それを実施することの重要性は揺らぐことがないが、それを充実させるだけでは不十分である。今後の公的扶助研究運動の展望を考える際、公扶研による運動を発展させることに加えて、全国各地の地方自治体に勤務する生活保護ソーシャルワーカーが自らの身近な地域で、日頃の実践を振り返り、同じ職務を遂行する仲間とともに自らの力量を高めていくことが必要である。その場は、事例検討等を通して自らの力量を高めていくことに留まらず、個々の生活保護ソーシャルワーカーの仲間作りや孤立の防止に向けた機能を有するものである。

　今日における福祉事務所では、本来は職員のスーパービジョンを担う立場にある査察指導員の置かれた職務環境が厳しいことが指摘されている（武井2021:159）。それは、査察指導員が様々な職種を兼務していること、対応困難事

例への対処での苦慮を経験していること、マネジメント能力が不足していること等に見受けられる（武井2021:163）。

今日において、本研究のなかで取り上げた神戸市の福祉専門職として採用された生活保護ソーシャルワーカーらが自主的に立ち上げた「金曜会」のように、先駆的に研究会を立ち上げているところもある。一方、横浜市の職員が中心となって1983（昭和58）年に設立された「横浜社会福祉研究会」も伝統ある研究会事例のひとつである[1]。筆者は、今後このような活動を全国各地に広げていく必要があると考える。そのための種まきとして、まずは公扶研に積極的に関わる人物が全国各地の福祉事務所に研究会の立ち上げを呼びかけ、生活保護ソーシャルワーカーが集結することのできる場づくりを行っていくことが必要ではないかと筆者は考える。

渡部律子は、対人援助職の資質向上を図るための手段のひとつとして、「気づきの事例検討会」を提案している。これは、対人援助の実践において、唯一の正解や客観的真実は存在しないと認識し、実践から導き出された新しい知識を次の仕事に応用していこうとする実践家である内省的実践家の育成を目指すピア・グループスーパービジョンの取り組みである（渡部2007a:9-13）。「気づきの事例検討会」は、身近にスーパーバイザーが存在しない場合に行われることを想定し、司会・進行役には台詞や留意事項、所要時間をまとめた書類が用意されている（渡部2007b:66-71）。

上記のように、本来、生活保護ソーシャルワーカーにスーパービジョンを担う立場である査察指導員をめぐる職場環境を考えたとき、ここで取り上げている「気づきの事例検討会」を、生活保護ソーシャルワーカーの具体的な研修方法のひとつとして用いることができるのではないか。「気づきの事例検討会」を始めるにあたっては、学習に強い意欲があり、自身の経験を後輩に伝達していく意欲のある者が求められている（渡部2007a:19）。これまで本研究で述べてきたように、公扶研に所属するメンバーはこの条件に合致する。よって、全国各地で生活保護ソーシャルワーカーが振り返りの機会をもつことができる場づくりを担う者として、まずは公扶研に積極的に関わる人物が適任であり、その内

容のひとつとして「気づきの事例検討会」を挙げることができる。また、この研修方法は、日々、当事者と向き合う生活保護ソーシャルワーカーだけでなく、そのスーパービジョンを担う査察指導員に向けても応用可能なものである。このような取り組みが進展するなかで、全国各地で実践に取り組む「普通」の生活保護ソーシャルワーカーが、自らの身近な地域において実践力を高める機会が増加することは、結果的に当事者である生活保護利用者に対するよりよい支援に繋がるものであると考える。

(2) 社会的プレッシャーグループをもちにくい当事者に対する組織形成をサポートすること

　本研究で述べてきたように、生活保護を利用することは日本社会においてスティグマを伴うものであるため、当事者同士がつながりをもつことは困難である。その背景には、日本の生活保護制度が申請主義であり、自助を賞賛する今日の日本社会の構造が影響しているのではないかと筆者は考える。また、本研究において述べてきたように、生活保護「適正化」政策や水際作戦が実施されてきている日本の生活保護行政のあり方は、生活保護を利用する者から自らの権利を主張することを遠ざける働きを担っている。このような背景のなかで、生活保護利用者は、スティグマを抱えやすく、当事者同士が連携したうえで、グループを形成することが困難な状況に置かれている。この事象に対して、公扶研は研究運動団体として、当事者同士のつながりを作り、その組織形成をサポートしていくことが必要である。そのために公扶研は、これまで以上に全国セミナーや機関誌のなかで当事者の声を聴く機会をもつことが重要となる。なぜなら、これらに当事者が登場する機会が増加すれば、全国セミナーや機関誌は生活保護ソーシャルワーカー同士のつながりだけでなく、当事者同士の関係を形成する場にもなるからである。

　また、公扶研が主催するセミナーや機関誌のなかで当事者が登場する頻度が増加することは、生活保護ソーシャルワーカーが当事者の声を聴くことにも繋がる。このような取り組みは、生活保護ソーシャルワーカーが、それらで知り

得た当事者の声を自身の実践のなかにも活かしていくことができる可能性を有するものである。

　上記のことは、公扶研が研究運動団体として、個々の当事者との出会いをソーシャルアクションに繋げていく可能性を広げる。それは、公扶研が当事者個人の意見を集約し、集団として社会に対して生活保護に関わる法律や制度の不備を訴え、その仕組みを整えていくことに繋がるものである。

（3）研究運動団体としてのアイデンティティをもちながら、**生活保護利用者と向き合ってきた歴史を有する他の社会運動団体と連携していくこと**

　本研究におけるインタビュー調査のなかでは、公扶研と生活と健康を守る会（以下、生健会）の連携の重要性が語られた。本研究では、公扶研と当事者との関係を述べてきたが、公扶研は研究運動団体であり、当事者団体とは異なるものである。本研究で述べてきたように、公扶研と当事者の関係は、決して平穏なものでなく、その関係のあり方については模索が今日まで継続している。その公扶研が当事者との関係を今後より深めていくためには、当事者と向き合ってきた歴史を有する他の社会運動団体との連携が必要である。それは、権力を有する生活保護ソーシャルワーカーを中心メンバーとする公扶研の弱点を補う働きをする可能性を有するものである。

　以上、筆者が考える今後の公的扶助研究運動のあり方について述べてきたが、公扶研が当事者と向き合う機会を増加させることは、結果的に本研究において述べてきた生活保護ソーシャルワーカーの人事政策や専門性に関する研究運動団体内の議論を活発化していくことに寄与するものである。それは、公扶研が社会福祉研究運動団体として、当事者の視点から政策提言を行うことに繋がるものであり、意義あることであるといえる。

4．本研究の限界

　本研究のなかでも述べたように、現状、生活保護ソーシャルワーカーに関わる資格として、社会福祉主事任用資格ならびに1987（昭和62）年に制度化された社会福祉士国家資格が併存している。生活保護ソーシャルワーカーの生活保護利用者に対する専門性の担保を考える際、これは重要な課題であるが、本研究のなかでは十分に考察することができなかった。また、生活保護ソーシャルワーカーの専門性については、社会福祉学のなかで研究が蓄積されている側面があることは事実である。その一方で、生活保護ソーシャルワーカーが所属する組織との関連についての議論、すなわち公務員としての専門性に関する研究については、これまで十分に議論が展開されていない現状があるのではないか。

　本研究において触れたように、社会福祉主事任用資格は、「三科目主事」と揶揄されるほど資格取得が容易である。当該資格創設当時、日本においてソーシャルワーカーの国家資格は存在せず、社会福祉主事制度は福祉事務所の生活保護ソーシャルワーカーの任用資格としての役割を果たしてきた。しかし、生活保護ソーシャルワーカーの任用資格として創設された社会福祉主事制度は、民間の社会福祉施設等の任用資格としても活用されるようになり、社会福祉士国家資格が制定されてから、35年以上の月日が経過した今日においても存続されている。本研究のなかで述べたように、生活保護ソーシャルワーカーを雇用する地方自治体では福祉専門職採用が全国的に浸透しているとはいえない。なぜ社会福祉主事制度は今日においても維持され、社会福祉士の任用が進まないのか、社会福祉主事任用資格は生活保護ソーシャルワーカーの資格として十分な専門性を担保できているのか、公務員としての専門性とはどのようなことを指すのか、これらの問いに対する答えは、筆者のこれからの研究のなかで明らかにしていきたい。

　また、同じく本研究のなかで述べてきたように、今日の生活保護ソーシャルワーカーの雇用形態は非正規化が進行している。筆者は生活保護ソーシャルワー

カーの非正規化が進行することは、生活保護ソーシャルワーカーと当事者の関係形成に負の影響を及ぼすだけでなく、生活保護ソーシャルワーカー自身が安心して職務を遂行し、それを継続していくことが困難になると考えている。今日、地方自治体に勤務する者のワーキングプアを指す用語である「官製ワーキングプア」の問題は、生活保護ソーシャルワーカーだけでなく、図書館職員や小中学校の教員など多方面にその影響が及んでいる。多様な供給主体からサービス利用者が自由にサービスを主体的に選択することを奨励する今日の社会のあり方について、筆者はその方向性を否定するものではない。

しかし、社会におけるすべての領域において競争原理が持ち込まれることは、雇用されている者に過度のプレッシャーやストレスを与えることに繋がる。業務の効率性やコストカットの論理をあらゆる領域に浸透させている今日の社会のあり方に対して、筆者は疑問を感じている。本研究において言及した生活保護ソーシャルワーカー業務外部委託化をめぐる攻防はまさにそれを体現しているものである。

桜井啓太は、大阪府豊中市や北海道釧路市など、生活保護の自立支援を先駆的に行ってきた地方自治体において、職員の非正規化が進行し、生活保護ソーシャルワーカーの充足率が低いことを明らかにしている（桜井2023:105-124）。このことは、行政機関によるコストカットならびにアウトソーシングの論理が全国各地において進行していることを示している。

ここで挙げている問題については、本研究のなかで述べてきた生活保護ソーシャルワーカーの人事政策や専門性とも関連する事柄であり、その実態や対策について筆者は今後における研究のなかで考察を深めていきたいと考えている。

【注】
1）　横浜社会福祉研究会「横浜社会福祉研究会のホームページへようこそ！」https://www.yokohama1983.com/（2024年1月4日アクセス）。

【引用・参考文献】
衛藤晃（2018）「ライトハウス　今こそ現場にケースワークの灯をともすとき―『よくわかる生活

保護ガイドブック②　Q＆A 生活保護ケースワーク支援の基本』編者の立場から」『公的扶助研究』249.
大友信勝（2000）『公的扶助の展開―公的扶助研究運動と生活保護行政の歩み』旬報社.
桜井啓太（2023）「生活保護と非正規・委託問題」『福祉社会学研究』20.
陣内優生（2023）「市町村行政における社会福祉専門職の採用と配置の実態と課題―神奈川県内市町村を対象とした調査結果の分析から」『社会福祉学』64(2).
全国公的扶助研究会監修　吉永純編（2017）『Q＆A 生活保護手帳の読み方・使い方』明石書店.
全国公的扶助研究会監修　吉永純・衛藤晃編（2017）『よくわかる生活保護ガイドブック　Q＆A 生活保護ケースワーク支援の基本』明石書店.
全国公的扶助研究会・第52回公的扶助研究全国セミナー実行委員会編（2019）『第52回公的扶助研究全国セミナー資料集』.
髙木仁根（2021）「福祉事務所ワーカーの専門性とは何か―現場から社会福祉主事のあり方を再考する」『社会福祉学』62(2).
髙間満（1999）「檜前俊彦と魁としての神戸市の福祉専門職制度」『ソーシャルワーク研究』25(3).
髙間満（2015）「初期の公的扶助研究運動と神戸市の自主的研究会活動」『神戸学院総合リハビリテーション研究』10(2).
武井瑞枝（2021）『福祉事務所における生活保護業務の展開と職員体制』同志社大学大学院総合政策科学研究科　博士論文.
田中秀和（2020）「生活保護ケースワーカーの現代史―全国公的扶助研究会とメディアに登場するフィクション作品との関係に着目して」『立正大学社会福祉研究所年報』22.
村田隆史・工藤英明・宮本雅央・葛西孝幸・最上和幸（2020）「生活保護ケースワーク分野の福祉職採用に関する一考察―X県での実態調査結果を基にして」『京都府立大学学術報告（公共政策）』12.
横山清隆（2008）「横浜市の生活保護の現状」『調査季報』162.
横山秀昭（2019）「労働現場から考える生活保護ソーシャルワーカーの専門性」『公的扶助研究』254.
渡邉秀明（2019）「7月6日　全国公的扶助研究会・会員限定企画　就労支援学習会×柏木ハルコさんを囲む読者会×小学館漫画賞受賞祝賀会」『公的扶助研究』255.
渡部律子（2007a）「『気づきの事例検討会』の概要」渡部律子編『基礎から学ぶ気づきの事例検討会―スーパーバイザーがいなくても実践力は高められる』中央法規.
渡部律子（2007b）「事例検討会を始める前に」渡部律子編『基礎から学ぶ気づきの事例検討会―スーパーバイザーがいなくても実践力は高められる』中央法規.

資料　公的扶助研究運動関連年表

年	公扶研連ならびに公扶研の動き	生活保護政策	社会福祉政策	貧困問題、公的扶助をめぐるトピック	その他
1945					終戦
1946		GHQ　SCAPIN77 社会救済 旧生活保護法制定			
1947			児童福祉法制定		
1949			社会保障審議会勧告「生活保護制度の改善強化に関する件」身体障害者福祉法制定		
1950		新生活保護法制定 社会福祉主事規定	精神衛生法制定		
1951		福祉事務所制度発足			児童憲章
1954		生活保護第一次「適正化」政策		全国生活と健康を守る会連合会発足	
1955		世帯更生資金貸付制度（現・生活福祉資金貸付制度）創設			
1957				朝日訴訟提訴（日本国憲法に規定された生存権をめぐる裁判）	青い芝の会結成
1963	公的扶助研究全国連絡会設立 第1回全国セミナーテーマ：「公的扶助ケースワーカーはいかにあるべきか―仲村・岸論争をめぐって」		老人福祉法制定		
1964	第2回全国セミナーテーマ：「公的扶助の今日的課題」	生活保護第二次「適正化」政策 生活扶助基準の算定方式が格差縮小方式となる。			東京オリンピック
1965	第3回全国セミナーテーマ：「公的扶助従事者の現状と課題」				
1966	第4回全国セミナーテーマ：「公的扶助の現実と方向」				
1967	第5回全国セミナーテーマ：「対象者の現実をめぐって」				全国障害者問題研究会設立

年				
1968	第6回全国セミナーテーマ:「公的扶助の現実と方向」			
1969	第7回全国セミナーテーマ:「現代の貧困と福祉事務所の役割」		社会福祉施設緊急5カ年計画	
1970			心身障害者対策基本法制定	
1971	第8回全国セミナーテーマ:「公的扶助の歴史と方向—生きた公的扶助を求めて」			
1972	第9回全国セミナーテーマ:「福祉事務所の現状とあり方」			
1973	第10回全国セミナーテーマ:「住民の福祉要求と福祉事務所の現状」		福祉元年 老人医療費支給制度(老人医療費の無料化)	オイルショック
1975	第11回全国セミナーテーマ:「現代における福祉と貧困」			
1976	第12回全国セミナーテーマ:「低成長下の貧困問題と福祉事務所」		昭和50年代前期経済計画	全国障害者解放運動連絡会議設立
1977	第13回全国セミナーテーマ:「今日の『生活』問題と福祉事務所の役割」			
1979	第14回全国セミナーテーマ:「今日の生活問題と福祉事務所の役割」		『新経済社会7カ年計画』(日本型福祉社会論の推進)	養護学校義務制実施
1980	第15回全国セミナーテーマ:「福祉事務所の今日的課題—福祉事務所の歴史から学ぶ」			暴力団員が生活保護費でナイフを購入し、逮捕される事件が発生。
1981	第16回全国セミナーテーマ:「80年代における福祉事務所の役割—貧困が生活にどうあらわれているか、我々は現実から何を学ぶか」	生活保護第三次「適正化」政策	「第2次臨時行政調査会」(第2次臨調)設置(国庫負担率の引き下げや福祉サービスの受益者負担を提言)	「生活保護の適正実施の推進について」(123号通知)	国際障害者年
1982	第17回全国セミナーテーマ:「住民の生活問題と福祉事務所の実践課題—『自立助長』と生活力形成		老人保健法制定(老人医療費の一部自己負担を導入)		

資料　公的扶助研究運動関連年表

	をめざして」				
1983	第18回全国セミナーテーマ:「複雑化する今日の生活問題と福祉事務所の果たす役割―仲間と一緒に自分の仕事を見つめ直しませんか」				
1984	第19回全国セミナーテーマ:「転機に立つ福祉事務所―住民の生活と従事者の悩み喜び」	生活扶助の算定方式が水準均衡方式となる。			
1985	第20回全国セミナーテーマ:「これからの福祉の方向を探る」	生活保護費における国庫負担の割合が暫定的に10％引き下げとなり、引き下げられた分は地方自治体が負担することとなる。			男女雇用機会均等法成立
1986	第21回全国セミナーテーマ:「いま、人間らしく生きるとは―明日をひらく福祉労働」				バブル経済（～1991年）
1987	第22回全国セミナーテーマ:「今、社会福祉に息吹を！―みつめよう、人と仕事」		社会福祉士及び介護福祉士法制定	北海道札幌市において、生活保護利用に至らなかった女性が餓死する事件が発生。	
1988	第23回全国セミナーテーマ:「人と仕事に豊かさを求めて―明日の社会福祉を築く」				
1989	第24回全国セミナーテーマ:「届けぬ・く・も・り Kobe'89―転換期における福祉現場の役割」	生活保護の国庫負担が10分の7.5となる。	ゴールドプラン		
1990	第25回全国セミナーテーマ:「出会い・きづき・よろこび―相談してよかった福祉事務所」		老人福祉法等の一部を改正する法律施行（福祉関係八法改正）施設サービスから在宅サービスへの移行を促進。		
1991	第26回全国セミナーテーマ:「このまち大好き―だから福祉のまちづくり」				バブル経済崩壊（～1993年）
1992	第27回全国セミナーテーマ:「やさしいまちに暮らしたい」				

年					
1993	福祉川柳事件発生		障害者基本法制定		
1994			エンゼルプラン		
1995	第28回全国セミナーテーマ：「福祉事務所における福祉労働に未来はあるか―公的扶助と社会福祉・その21世紀への展望を考える」		障害者プラン 精神保健福祉法制定		阪神・淡路大震災
1996	第29回全国セミナーテーマ：「激動の中の公的扶助・社会福祉と福祉労働―自治体福祉職場に働く私たちは今、何をなすべきか」				
1997	第30回全国セミナーテーマ：「忘れてはならない大切なこと―憲法50年・公的扶助・福祉事務所」		精神保健福祉士法制定 介護保険法成立 保育所に利用契約方式を導入		
1998	第31回全国セミナーテーマ：「社会福祉と公的扶助―その21世紀への展望を探る」				長野オリンピック
1999	第32回全国セミナーテーマ：「どこへゆく日本の社会福祉・社会保障―今こそ健康で文化的な最低限度の生活保障を」				
2000	第33回全国セミナーテーマ：「21世紀の公的扶助と社会福祉―その課題と展望を探る―セーフティネットの再構築をめざして」	介護扶助創設 機関委任事務廃止 法定受託事務と自治事務に分類され、生活保護法は最低生活にかかわる部分が法定受託事務となる。 福祉事務所の所員定数が義務規定から、「標準」となる。	社会福祉法制定 地方分権一括法施行 社会福祉基礎構造改革 介護保険法施行	「社会的な援護を要する人々に対する社会福祉のあり方に関する検討会」設置	
2001	第34回全国セミナーテーマ：「社会福祉制度の『改正』と利用者の権利保障を考える―構造改革で"人間の尊厳"はどうなるか」				大阪教育大学附属池田小事件
2002	第35回全国セミナーテーマ：「誰もが幸せに生きられる社会を―ソーシャルワークの現場から基本的	ホームレスの自立の支援等に関する特別措置法成立			

資料　公的扶助研究運動関連年表

年					
	人権を考える」				
2003	シンポジウム「生活保護「改正」を現場から考える」、「2003年度総会記念シンポジウムの開催」 第36回全国セミナーテーマ：「グローバルな視点で住民本位の福祉実践を考えよう」	「生活保護制度の在り方に関する専門委員会」の設置 生活保護基準改定において、制度史上初めて保護基準の引き下げが行われる。	障害福祉領域において、支援費制度が導入される。		
2004	第37回全国セミナーテーマ：「福祉制度『改革』と自治体再編の動きを住民とともに考えよう」				
2005	第38回全国セミナーテーマ：「戦後60年、社会福祉と憲法25条―『自立』とは？そして『自立支援』とは？」	生活保護自立支援プログラムの開始	障害者自立支援法成立		
2006	第39回全国セミナーテーマ：「格差拡大社会の中であらためて生存権保障の意味を問う―生活保護・年金・賃金そして福祉・介護のあり方は」			門司餓死事件（福岡県北九州市において、2ヶ月で3名の餓死者が発生）	障害者の権利に関する条約
2007	第40回全国セミナーテーマ：「貧困の根絶と人間らしい暮らしの実現を求めて―あらためて憲法第25条の存在意義を考える」	「生活扶助基準に関する検討会」設置			学校教育法改正（特別支援教育の登場）
2008	第41回全国セミナーテーマ：「拡がる貧困の中で生存権保障・生活保護の将来像と現場の課題を考えよう！」			反貧困運動の可視化「子どもの貧困」元年　年越し派遣村の開設	世界金融危機
2009	第42回全国セミナーテーマ：「雇用崩壊・生活不安の拡大のもとで私たちに求められるもの―生活保護の役割と社会保障再構築の展望を考える」	「ナショナルミニマム研究会」発足（～2010）			自民党から民主党への政権交代
2010	第43回全国セミナーテーマ：「届けぬくもり～KOBE・2010～―セーフティネットの再構築と生活保	パーソナルサポートサービス事業開始			

197

年				
	護の将来像を考える」			
2011	第44回全国セミナーテーマ：「今こそ人間を大切にし、手を差し伸べる社会をめざそう―大災害の経験をふまえ、あらためて生存権保障の意味を問う」			東日本大震災
2012	第45回全国セミナーテーマ：「あらためて"生活保護200万人時代"の意味を問う―ひろがる貧困と向き合い、『改革』の方向性と展望を探る」	「生活困窮者の生活支援の在り方に関する特別部会」設置	障害者総合支援法成立	生活保護バッシングの発生	民主党から自民党への政権交代
2013	第46回全国セミナーテーマ：「"格差と貧困"の時代に生活保護とソーシャルワークの意義を語ろう！―ひろがる貧困と向き合い、『改革』の方向性と未来への展望を探ろう」	生活困窮者自立支援法成立	子どもの貧困対策の推進に関する法律成立		
2014	第47回全国セミナーテーマ：「どうなる？どうする？これからの貧困問題―生活保護『改革』と生活困窮者自立支援法がもたらすもの」	健康・生活等に着目した支援、医療扶助における後発医薬品使用の促進。就労自立給付金の創設、不正・不適正受給対策の強化。		『健康で文化的な最低限度の生活』漫画掲載開始	
2015	第48回全国セミナーテーマ：「戦後70年 今問われる 貧困・格差・不平等 ―沖縄で考える『命・くらし・平和』」	生活困窮者自立支援法施行			
2016	第49回全国セミナーテーマ：「そうだ、京都へ行こう！ 歴史にふれ、なかまと共に、未来をつむぐ―貧困・格差の拡大と公的扶助の役割」				相模原障害者施設殺傷事件
2017	『よくわかる生活保護ガイドブック』発行 第50回全国セミナーテーマ：「『いのち』と『くらし』を守りたい 岩手で考える『人権』―雨ニモマケズ 風ニモマケズ」	「生活保護制度の見直しについて（生活保護制度に関する国と地方の協議とりまとめ）」		小田原ジャンパー事件	

年				
2018	第51回全国セミナーテーマ：「健康で文化的な最低限度の生活 TOKYO 2018」			『健康で文化的な最低限度の生活』テレビドラマ化
2019	第52回全国セミナーテーマ：「大阪で考える『健康で文化的な最低限度の生活』」	「令和元年の地方からの提案当に関する対応方針」		
2020	『生活保護におけるケースワーク業務の外部委託化』についての全国公的扶助研究会の見解と意見			新型コロナウイルスの世界的流行
2021	『保護の実施機関における業務負担軽減に向けた方策について』へのコメント 第53回全国セミナーテーマ：「福岡と各地を結んで」	「保護の実施機関における業務負担軽減に向けた方策について」		東京オリンピック
2022	第54回全国セミナーテーマ：「WORK FOR PEACE, HEALTH AND LIFE」	「今後の福祉事務所における生活保護業務の業務負担軽減に関する調査報告書」 「訪問計画に基づく訪問の取扱いの見直しについて」		

あとがき

　本書は筆者の博士論文をもとに、さらに研究と推敲を重ね、一冊にまとめたものである。本書の発行にあたり、これまでお世話になった方々に対し感謝の想いを述べさせていただく。

　博士論文の執筆を進めていくうえで、これまで自分が書いてきたものをどのように整理したらよいか、何に焦点化していけばよいか思い悩んでいたとき、的確なアドバイスをくださったのは、論文の主指導をご担当いただいた川向雅弘先生である。川向先生はいつも温かく筆者を見守ってくださり、筆者が前向きに研究に取り組めるようアドバイスをいただいた。副指導をご担当いただいた佐藤順子先生には、筆者が論文のなかで見落としている論点を的確にご提示いただいた。また、川向先生と同じく筆者が意欲的に執筆を進めていけるよう声かけをいただいた。

　論文の審査を担ってくださった野田由佳里先生、藤田美枝子先生、鶴田恵子先生にも御礼を申し上げたい。論文審査のなかで先生方からいただいたご質問やご指摘は、筆者の論文の質を向上させ、今後の研究に向けた動機づけを高める機能を有していたと感じている。

　本書の研究動機をたどるとき、そこには大友信勝先生の存在がある。筆者は、大友信勝先生が執筆された『公的扶助の展開―公的扶助研究運動と生活保護行政の歩み』との出会いがなければ本書は誕生していないと考えている。博士課程の入学前相談以降、親身になってご指導をいただいた大友先生に感謝の気持ちを伝えたい。

　本研究におけるインタビュー調査に快く応じていただいた、全国公的扶助研究会会員の方々にも御礼を申し上げたい。忙しい日々の業務の間を縫って研究運動を進めていこうとされている皆様の姿勢をみて、私自身も身の引き締まる

思いであった。

　博士課程における研究はひとりで行うものだと考えていた筆者を支えてくれた大きな存在のひとつに、同じく博士論文執筆に努力を積み重ねている聖隷クリストファー大学の大学院生仲間の存在がある。博士課程での研究は孤独な側面をもつものであるが、仲間の存在は、自分だけが論文執筆に苦労しているわけではないこと、各自、仕事をもちながら論文執筆との両立を図る努力していることを知ることができた。

　刊行にあたっては、（株）みらいの安田和彦氏、海津あゆ美氏、国書サービスの割田剛雄氏に大変お世話になった。本書は筆者による初の単著である。ここに記載させていただいた方々は、筆者に学術研究書刊行の機会を与えていただき、緻密な校正等にご協力をいただいた。

　なお、本書は以下の初出論文をもとに、大幅に加筆・修正したものに加え、新たに書き下ろした論考を加えたものである。

初出一覧

田中秀和（2019）「生活保護ケースワーカーの資格制度に関する歴史的考察―関連する事件と政策の分析を中心に」『立正社会福祉研究』34.

田中秀和（2021）「全国公的扶助研究会誕生の歴史研究―福祉川柳事件発生後から全国公的扶助研究会の設立まで」『商経学会誌』40(2).

田中秀和（2021）「社会福祉研究運動の視点からみた公的扶助研究運動の特徴―全国障害者問題研究会との比較を通した歴史的考察」『日本文理大学紀要』49(2).

田中秀和（2022）「日本における1990年代以降の公的扶助政策と関連分野の動向」『商経学会誌』41(1)

　筆者は修士課程を修了以降、博士課程への進学を夢見てきたものの、様々な事情から修士課程修了から博士課程入学までに長い月日を要した。博士課程入学後も転職の機会があり、論文執筆に取りかかれず、博士号取得を諦めかけた

あとがき

こともあったが、学位を取得することができ安堵している。これまでお世話になったすべての方々に感謝の気持ちを忘れず、これからも研究者として一歩一歩成長していきたいと考えている。
　皆様、ありがとうございました。

2024年7月

田中　秀和

著者紹介

田中　秀和（たなか　ひでかず）

1983年　和歌山県生まれ
2024年　聖隷クリストファー大学大学院社会福祉学研究科博士後期課程修了
博士（社会福祉学）
現在　静岡福祉大学社会福祉学部福祉心理学科　准教授
主な著書　『貧困に対する支援』ミネルヴァ書房　2022年（編者）、『歴史との対話―現代福祉の潮流を探る』大学教育出版　2018年（共著）

公的扶助研究運動における当事者性の課題
―生活保護ソーシャルワーカーと公的扶助政策の狭間で

発　行　日	2024年10月1日　初版第1刷発行
著　　　者	田中　秀和
発　行　者	竹鼻　均之
発　行　所	株式会社みらい 〒500-8137　岐阜市東興町40番地　第五澤田ビル TEL　058（247）1227㈹ FAX　058（247）1218 https://www.mirai-inc.jp/
編 集 協 力	有限会社 国書サービス　割田剛雄・吉原悠
印刷・製本	日本ハイコム株式会社

定価はカバーに表示してあります。
落丁・乱丁本はお取り替えいたします。
©Hidekazu Tanaka 2024, Printed in Japan
ISBN978-4-86015-631-2 C3036